TRAITÉ

DE

LA GARANTIE

DES

VICES RÉDHIBITOIRES,

TANT A L'ÉGARD DES ANIMAUX

QUE DES AUTRES MARCHANDISES;

Précédé

D'UNE PRÉFACE CRITIQUE,

ET SUIVI

D'une Dissertation sur la vente des choses qui s'estiment au poids, au compte ou à la mesure, ou que l'on est dans l'usage de goûter;

PAR M. **TH. CHAVOT**, DOCTEUR EN DROIT,

Auteur du *Traité de la Propriété mobilière*.

A PARIS,

CHEZ PASSOT ET PONCET, ÉDITEURS, RUE DUPHOT, 17,
ET CHEZ GUILLEBERT, LIBR.-VOYAGEUR, r. J. J. ROUSSEAU, 3.

MDCCCXLI.

TRAITÉ

DE LA GARANTIE

DES

VICES RÉDHIBITOIRES.

TRAITÉ
DE
LA GARANTIE
DES
VICES RÉDHIBITOIRES,

TANT A L'ÉGARD DES ANIMAUX
QUE DES AUTRES MARCHANDISES;

Précédé
D'UNE PRÉFACE CRITIQUE,

ET SUIVI

D'une Dissertation sur la vente des choses qui s'estiment au
poids, au compte ou à la mesure, ou que l'on
est dans l'usage de goûter;

PAR M. **TH. CHAVOT**, DOCTEUR EN DROIT,

ur du *Traité de la Propriété mobilière.*

A MACON,
L'IMPRIMERIE DE CHASSIPOLLET.

oOooOo

M DCCC XLI.

PRÉFACE CRITIQUE.

———◄●►———

Soyons toujours pour et avec ceux qui souffrent,
c'est là la meilleure des Philosophies.

———◄●►———

La Jurisprudence, la Religion et la Philosophie
ont un but commun, en ce sens qu'elles tracent
à l'homme des règles de conduite pour son amélioration morale et matérielle, qu'on le considère comme être individuel ou comme être
social. Mais la Jurisprudence est plutôt l'expression et de la Religion et de la Philosophie :
c'est dans la Religion et la Philosophie qu'il faut
en chercher le fondement, c'est-à-dire la justice ;
car la loi n'a pas sa légitimité dans la volonté du
législateur, mais seulement sa force ; elle doit
être la manifestation du Droit, mais elle n'est
pas le Droit. « Si le feu porte son mouvement
vers le ciel, dit d'Olive, la loi rapporte ses dé-
crets à Dieu ; aussi est-elle une vapeur de la sa-
pience divine, qui, découlée d'en-haut pour
bien-heurer la Terre, doit remonter vers sa
source. »

Le Droit a une base immuable dans son origine divine, mais sa manifestation dans l'Huma-

*

nité est soumise aux imperfections et à l'instabilité des choses humaines ; sa légitimité *humaine* est dans la véritable expression des besoins de l'homme.

Si la Jurisprudence est divine par son origine, elle ne doit pas rester étrangère aux mouvemens ascensionnels de l'Humanité vers la Divinité, manifestés par la Religion et les progrès de la Philosophie.

Si elle est humaine par son objet, elle doit s'initier aux secrets de l'Humanité, en étudier les ressorts, quelle en est la vie propre, et comment cette vie s'est manifestée en telles circonstances : c'est encore là l'étude de la Philosophie ; c'est l'histoire, c'est l'économie politique, convoquées à éclairer et l'esprit de la loi et son application.

La loi ne serait qu'une lettre morte pour l'interprète qui resterait en dehors de ces grandes manifestations de l'Humanité. Qu'il sache qu'elle n'est pas le fruit spontané du caprice d'un moment, mais la pensée que l'Humanité a conçue à l'aide du temps, et que les événemens ont fait éclore.

Il faut donc étudier les sources du Droit et les raisons de la loi, si l'on veut connaître la justice de cette loi.

Et quand nous avons saisi le véritable esprit

de la loi, devons-nous nous abstenir de la suivre dans ses mouvemens?

Non, car la loi et la société ont une action réciproque l'une sur l'autre. La loi dépose ses bienfaits dans le sein de la société, et la société les féconde et les développe: c'est là le mouvement de la vie. Tout jurisconsulte qui se croit en dehors de ce mouvement en reçoit l'impulsion à son insçu, car le monde intellectuel où il vit est l'œuvre de cette double action, et la pensée qu'il émet est fille et de ce monde et de la virtualité propre à l'interprète. Mais ses yeux lui montrent un texte mort, et son préjugé lui cache la vie qui l'anime.

Et comment se constate ce double mouvement? N'est-ce pas dans l'application judiciaire de la loi? N'est-ce pas par la jurisprudence des cours? Cette jurisprudence n'est-elle pas à la loi ce que l'action est à l'homme? Ne lui donne-t-elle pas la vie et le développement? N'en fait-elle pas sentir plus vivement et les bienfaits et les vices? N'est-elle pas, enfin, la raison expliquant les subtilités légales?

Toute loi a donc sa conception dans les temps, sa naissance dans les événemens, et sa vie dans son application judiciaire.

Son étude est immense. Quel est le jurisconsulte qui peut se flatter d'avoir accompli une aussi noble étude? Mais, au moins, que celui qui ne peut l'accomplir ne systématise pas son impuissance, et que celui qui ne cherche pas à l'accomplir ne systématise pas son dédain.

Il ne faut pas qu'un auteur de mérite se montre au-dessous des connaissances de son temps; et, s'il ne peut posséder à un égal degré les diverses sciences, il doit au moins éviter de donner à la postérité des témoignages de son ignorance.

Le *Traité du domaine de Propriété* offrait une belle occasion pour appeler la Philosophie et l'Histoire au secours de l'interprète.

Comment ce devoir a-t-il été rempli?

La philosophie de l'auteur, étrangère aux disputes des écoles modernes, est restée étrangère aux progrès que le mouvement et le choc des opinions diverses ont acquis à la science. Il se préoccupe peu de la réaction du spiritualisme contre le sensualisme, et cependant ce débat n'était pas étranger à son sujet. La théorie de Bentham sur la *propriété* n'est-elle pas une conclusion du sensualisme? Et les adversaires du sensualisme ne sont-ils pas aussi les adversaires de la théorie de Bentham? N'ont-ils pas cherché à légitimer dans les idées le droit de propriété avant de le légitimer dans les faits ?

La philosophie de l'auteur est fondée sur un droit divin, qui, immuable de sa nature et ne pouvant expliquer tous les faits, recourt à chaque instant à l'intervention mystérieuse de la Divinité, au risque de la souiller par des contacts impurs et de lui attribuer des maux qu'elle n'a pas voulus (1). Laissons à l'homme plus de liberté, et que sa part de responsabilité soit plus grande.

Une pareille philosophie, stationnaire dans les idées, l'est aussi dans les faits ; elle est peu propre à les éclairer. Celui qui la professe exclusivement domine rarement son sujet, sa philosophie se met à la suite des faits plutôt qu'elle ne les explique.

L'auteur a-t-il profité de la critique historique moderne ? Nullement : c'est toujours l'esprit dogmatique du siècle dernier. Le dix-huitième siècle avait armé l'histoire pour le combat, et, maintenant que la victoire est remportée, notre auteur lui conserve toujours son allure guerrière. Quand deux puissances se combattent, les combattans de chaque parti sont animés de passions et de partialité, et il est bien difficile alors de décou-

---

(1) Voyez, entre autres passages, *Droit d'occupation par le fait de la guerre*, chapitre X, numéros 337, 340, 346, etc.

vrir la vérité tout entière. Mais, après la victoire, la justice est un devoir pour le parti vainqueur.

L'auteur n'a vu que le mauvais côté de la féodalité, il en a compté les abus, mais il n'a pas cherché quelle fut sa véritable raison d'être. Et cette ignorance des causes lui fait dire que c'est *la rapine qui, dans le moyen-âge, vint enfanter la féodalité* (n.º 32) .

Tient-il compte des principes de l'économie politique? Nullement. Et cependant, l'économie politique, s'occupant de nos biens, des agens de la nature et des produits combinés de la nature et de l'art, n'a-t-elle pas le même objet que la loi civile? Les biens ne sont-ils pas aussi la matière sur laquelle s'exercent les lois civiles? Ne fait-elle pas connaître les principes du Droit dans les questions que font naître l'intérêt des capitaux, le revenu des terres, les manufactures et le commerce? « Sans la connaissance des intérêts de la société, dit Say (1), les magistrats ne seraient, comme les sbires de la police, que les instrumens du pouvoir arbitraire; il faudrait les comparer à ces projectiles qui partent d'une bouche à feu, pour tuer au hasard le bon droit comme le mauvais. » Le numéraire n'est toujours, pour

_____

(1) Cours d'Économie politique; tome premier, page 63.

M. Proudhon, que *le signe représentatif de la valeur réelle de la propriété foncière* (1).

Que fait-il des autorités? « Il repousse avec « une courageuse indépendance le joug des opi- « nions d'autrui. Il aspire à l'honneur de penser « par lui-même ; il proclame, il encourage le « libre examen contre l'aveugle soumission à l'au- « torité des arrêts ; il ose adresser son livre aux « hommes dont l'esprit élevé ne reconnaît d'em- « pire que celui de la raison. Ce respect pour son « lecteur, il l'observe dès le début. N'attendez « pas qu'il consacre un chapitre à l'histoire de « l'usufruit chez les Grecs et les Romains : Il « dédaigne des détails de vaine curiosité qui se « trouvent partout, et ne sont point la science. » Cette réflexion que fait son panégyriste, M. Lagier, p. 29, à l'occasion du *Traité de l'Usufruit*, est égale- ment applicable au *Traité du domaine de Pro- priété* ; c'est toujours le même système.

Combien une pareille méthode est dangereuse ! Oui, il est des temps où il faut rompre la chaîne de la tradition, où il faut s'isoler des travaux de ses devanciers, mais c'est lorsque la science se trouve dans un tel chaos qu'il est impossible de débrouiller la vérité de l'erreur; c'est lors- qu'il y a nécessité de reconstituer la science sur

(1) Tome premier, page 79, *in fine.*

de nouvelles bases. Une pareille mission appartient-elle à un commentateur du *Code civil?* Non, et l'auteur répondrait lui-même mille fois, *non.*

Le Code civil est-il une production entièrement neuve indépendante des législations qui l'ont précédé? *Non*, et l'auteur répondrait lui-même mille fois, *non.*

Mais si le Code civil est une législation qui n'est pas dépourvue d'unité, de légitimité et d'harmonie, s'il n'est pas une législation entièrement indépendante de celles qui l'ont précédé, pourquoi rompre la chaîne de la tradition? Pourquoi aspirer à ne penser que par soi-même? Vous ne vous adressez qu'à la raison; mais serait-il vrai qu'il n'y aurait dans l'étude des législations précédentes, dans les travaux des anciens jurisconsultes, que matière à *une vaine curiosité?* Est-ce que leur science ne serait plus que du domaine de l'histoire? *Non*, et l'auteur répondrait lui-même mille fois, *non*; et il l'a prouvé, car il en a usé largement et bien; seulement, il a donné à leurs idées une forme d'actualité que notre temps demandait. Je ne l'accuse pas de plagiat, Dieu m'en garde! Car la pensée a aussi son domaine, et ce domaine s'est enrichi chaque jour d'idées que le temps a acquis à la science, et dont souvent il est fort difficile d'assigner l'origine. Il est indispensable d'avoir sa virtualité propre, et je ne trouve rien de plus beau que de savoir l'employer; mais nous est-il défendu d'être neufs sans être justes envers nos devan-ciers et nos contemporains? On dirait que l'auteur a eu réellement l'ambition de ne penser que par lui-même, car il ne cite presque jamais d'autorités; on dirait qu'il a eu crainte qu'on lui reprochât de leur devoir quelque chose. Et cependant il n'a fait que substituer une autorité à une autre, il a puisé largement dans la législation romaine et a éclairé ses travaux des lumières de cette législation. « La critique, dit M. Curasson (1), lui fait même le reproche d'un trop grand asservissement au droit romain. » On peut puiser dans cette source abondante et paraître indépendant de nos devanciers et de nos contemporains, parce que l'on n'use que du patrimoine commun à tous les jurisconsultes. D'ailleurs, l'appui que le jurisconsulte va chercher dans cette législa-tion témoigne déjà favorablement pour lui-même, car il n'est pas facile de voir clair dans ce vaste arsenal de raisons, et la peine que l'on se donne pour s'assimiler une idée n'est pas sans mérite.

La jurisprudence des arrêts est l'autorité pour laquelle il affecte le plus de dédain. C'est un défaut et un grave défaut, nous croyons l'avoir

_____

(1) Éloges de M. Prudhon, p. 16, *in fine.*   2

démontré *suprà.* *Les Dumoulin et les Pothier n'ont pas souvent cité des décisions judiciaires à l'appui de leurs doctrines* (1). — Mais Dumoulin n'était-il qu'un simple commentateur? N'a-t-il pas souvent *créé* plutôt qu'*expliqué* la jurisprudence? C'était le besoin de son temps. Pothier n'avait pas pour les décisions judiciaires un dédain aussi superbe qu'on semble le dire ; d'ailleurs il a compris la mission de son siècle et lui a été fidèle : il fallait rendre accessibles à toutes les intelligences les travaux des grands jurisconsultes du seizième siècle, il fallait *vulgariser* la science, et il l'a fait. Son admirable clarté a familiarisé son siècle avec la science, et ses ouvrages sont le lien qui unit notre Code avec les travaux de l'ancienne jurisprudence. Les commentateurs du Code civil ne sont pas appelés à une aussi grande mission, leur action ne peut être législative, et ils sont moins destinés à préparer les travaux d'une nouvelle législation, qu'à faciliter une saine application de la loi: c'est là leur but immédiat et prochain. Et l'étude de la jurisprudence des arrêts est un moyen pour y parvenir; je n'en veux pour preuve qu'un exemple que m'offre l'auteur lui-même. Comparez la théorie qu'il a émise sur les rentes foncières dans son *Traité*

(1) V. Préface du Traité de l'Usufruit.

de l'Usufruit (1) avec la nouvelle opinion qu'il adopte dans son *Traité du domaine de Propriété* (2). Dans le premier ouvrage (n.º 1839) la rente foncière, même sous le Code civil, ne pouvait être qu'une charge réelle, affectant et suivant nécessairement le fonds ; le preneur n'était tenu de l'acquitter qu'autant qu'il gardait l'héritage ; il s'en trouvait affranchi du moment où il en faisait abandon, et la charge suivant l'immeuble entre les mains du légataire soit de la propriété, soit de l'usufruit, l'héritier qui ne jouissait pas ne pouvait être tenu de l'acquitter.

Dans son dernier ouvrage, l'auteur, qui paraît ne pas aimer confesser une erreur, reconnaît cependant (n.º 283) que le propriétaire-rentier ne conserve plus sur le fonds arrenté qu'un *droit de créance* applicable également à une perception d'intérêts ou arrérages annuels d'une nature purement mobilière (n.º 301). Et à qui doit-il la réforme de son erreur? N'est-ce pas aux leçons répétées de la jurisprudence des arrêts? Il faut lutter et souvent lutter contre les décisions judiciaires, mais il ne faut pas les dédaigner, soit pour son instruction personnelle, soit pour l'instruction de ses lecteurs.

(1) T. 4, n.os 1834 et suiv.

(2) T. 1. n.os 265 et suiv.

avec une *entière bonne foi et sans dessein de pillage*, l'exécution des mesures nécessaires pour prévenir les incendies ou pour en arrêter les progrès. Les prolétaires n'y accourent que pour augmenter le désordre et cacher leurs vols (t. 1, p. 51 et suiv.). Quels sont ceux qui, dans les plus affreux orages de notre révolution, ont affligé la patrie par tous les genres de désordres, et commis tant de cruautés? Ce sont les prolétaires exaltés dans leurs clubs.

Ne sont-ce pas les prolétaires qui, de nos jours, et, sous des prétextes politiques, ont dirigé les attaques les plus graves contre l'ordre social? Qui est-ce qui craint de porter du dommage à autrui? C'est le propriétaire, parce qu'il sent très bien que la réparation du mal viendra s'appesantir sur son patrimoine. Mais pourvu que l'anarchiste prolétaire puisse sauver sa personne, c'est tout ce qu'il lui faut; et c'est ainsi que la pauvreté vient favoriser l'audace pour le crime (p. 58).

Quels sont les hommes qui redoutent le plus une secousse politique dans l'état? Ce ne sont pas les pauvres, qui, n'ayant rien à perdre, ne peuvent voir dans tous les changemens, que des chances favorables à leur cupidité (p. 62).

De ces considérations et de beaucoup d'autres de la même force, l'auteur se hâte de conclure qu'on ne saurait mettre trop de circonspection à toucher aux lois qui subordonnent l'exercice des droits politiques au paiement de l'impôt, qui est l'indice de la propriété foncière et industrielle.

On nous concédera volontiers que l'auteur n'a pas cherché à exposer ici un système neuf; c'est un débit de lieux communs qui courent les rues, et peu propres à amener la solution des grandes questions qui agitent la société et le monde politique.

Il n'a vu que la superficie des choses sans chercher à les pénétrer; il a vu les faits et a voulu expliquer les faits par les faits, sans s'enquérir des véritables causes qui les ont produits. Au lieu de flétrir le prolétariat, il valait bien mieux chercher à le guérir.

Non, ce n'est pas la convoitise du bien d'autrui, ce n'est pas l'amour du pillage, qui agitent, depuis des siècles, la classe la plus nombreuse de la société. La cause en est plus morale et plus profonde : elle tient à un défaut d'organisation du travail, qui, tant qu'il se fera sentir, sera une cause permanente de perturbations. Il faut que tout homme n'ait pas seulement *droit* au travail, il faut encore lui en procurer les *moyens*. Comment voulez-vous qu'un ouvrier valide et ne demandant qu'à travailler puisse supporter avec une résignation évangélique le repos forcé qu'il est obligé de subir, et que les angoisses de la faim menacent de rendre irrévocable et perpétuel? Alors il s'attaque aux choses et non pas aux hommes, car il n'a pas de haine contre eux; il demande à *vivre en travaillant* ou *il mourra en combattant*. Ce cri de détresse ne nous avertit-il pas que la puissance de la force ne peut remédier aux maux, parce qu'elle ne tue que les hommes, sans détruire les causes permanentes de la misère.

Et le moyen que vous proposez pour remédier à ces maux, quel est-il? C'est de prêcher la morale. Oui, prêchez la morale à des gens affamés, combien y a-t-il déja de siècles que vous prêchez? Aussi sont-ils rassasiés de votre morale; mais leurs ventres restent toujours vides, et chaque jour ils peuvent *légalement* mourir de faim.

Non, ils n'étaient pas animés de la convoitise du bien d'autrui, de l'amour du pillage, ces ouvriers prolétaires que, par deux fois, la victoire a rendus maîtres des deux villes les plus riches de France, sans qu'ils aient cherché à souiller leurs mains du bien d'autrui.

N'immobilisez pas la vertu à la terre, et ne faites pas entrevoir que le désordre est l'élément le plus favorable pour les prolétaires. Il n'est pas

Passons de l'examen de la méthode générale aux opinions particulières émises par l'auteur.

Les droits politiques, les facultés que la loi accorde pour être électeur ou éligible dans nos assemblées politiques sont, suivant l'auteur (n.° 11), des droits de propriété et de la propriété la plus rigoureuse.

C'est considérer les choses sous un faux point de vue ; l'exercice des pouvoirs politiques est l'accomplissement d'un haut mandat, qui n'est confié à l'individu qu'en sa qualité de citoyen, et dont il ne lui est pas permis d'abuser comme de sa chose propre ; il crée des devoirs plutôt que des droits. Cela est vrai, surtout sous un régime qui n'accorde l'exercice des pouvoirs politiques qu'au plus petit nombre.

L'auteur, après avoir fondé le droit de propriété sur les besoins et le travail de l'homme, donné à la loi le caractère de protection qui lui appartient, démontré l'absurdité qu'il y a à distinguer entre les divers genres de propriété, et flétri cette communauté de propriété qui ne serait que la plus monstrueuse des inégalités, arrive (1) à considérer l'importance du droit de propriété dans ses rapports moraux, civils

---

(1) V. n. 39. — V. l'intéressante dissertation de M. Hennequin sur la propriété, *Traité de Législation*, t. 1, p. 173 à 195.

et politiques. Il n'est pas aussi heureux dans ces nouvelles considérations. La propriété mérite les respects de tous, parce qu'elle est bienfaisante pour tous, même pour ceux qui ne possèdent rien. Son existence devrait être mise en dehors de toutes nos discussions politiques, parce qu'elle ne dépend pas des formes variables de la politique, et qu'elle constitue un droit acquis irrévocablement à la société. C'est impolitique, c'est dangereux de mêler une pareille question à nos débats irritans. Cependant l'auteur fait encore de la propriété une espèce d'instrument politique. Il veut (1, p. 49) que, dans le système général de l'administration publique, et pour reconnaître quels sont les hommes aux soins desquels doivent être confiées nos institutions sociales, on regarde la propriété comme *un signe probable de moralité présumée*; il veut que ce ne soit que dans la propriété qu'il existe un *signe visible* de probité, parce que la vertu n'est qu'un être invisible et impalpable qu'il est presque impossible de constater autrement.

Voici le prolétariat érigé en signe probable d'immoralité présumée.

Voyez aussi les curieuses déductions qu'il tire de ces principes dans l'ordre moral et politique.

Ce ne sont que les propriétaires qui prennent,

⁎⁎

de classe dans la société à qui il soit plus nuisible ;
ils ont à sauver leurs personnes non pas seulement
du désordre ; mais encore d'un péril plus menaçant, de la faim qui est la compagne nécessaire
du désordre , puisqu'il fait cesser les ressources
du travail , c'est-à-dire l'unique ressource des
ouvriers.

Celui qui jouit des dons de la fortune peut
aller chercher hors de son pays la tranquillité qu'il
lui refuse : le prolétaire est obligé de rester là,
sur le sol qui l'a vu naître , et d'y subir toutes
les vicissitudes de l'infortune. La misère et l'ignorance l'immobilisent sur la terre où il est né,
il n'a pas de moyens pour sortir de cette contrée malheureuse. Son défaut d'instruction, son
ignorance des langues des contrées étrangères ,
ne lui permettent ni l'émigration, ni un long séjour
sur la terre étrangère , où il ne peut trouver
à travailler pour vivre. Aussi est-ce dans cette
classe que l'amour de la patrie est le plus vif
et le plus nécessaire.

L'amour de la patrie est un souffle divin qui
anime tous les cœurs et les fait voler au-devant
du péril qui menace la mère commune , elle n'est
pas un attribut de la propriété foncière (p. 83).

Assez sur ce sujet. Il est de condition nécessaire que les idées d'un écrivain soient plus avancées que les faits qui régissent l'état actuel de la société, parce que c'est à lui qu'il appartient de préparer l'avenir. Les idées de M. Proudhon sur ce sujet ne sont pas plus avancées que les faits ; il les a pris pour des raisons et s'est mis à leur remorque. Combien il aurait été plus beau et plus vrai de montrer cette solidarité qui doit unir et le propriétaire et l'ouvrier, et qui ne peut être rompue sans perte pour l'un et pour l'autre !

Mais si l'auteur paraît, dans cet ouvrage, manquer de vue générale, il porte dans les détails de la jurisprudence un esprit de perspicacité digne d'admiration.

Cependant, il est quelques points sur lesquels nous ne pouvons adopter l'opinion de l'auteur :

Le principe, d'après lequel il résout les questions émises aux n.ºs 115, 117 et 118, n'est pas juste. L'auteur prétend que, lorsque le propriétaire cultive lui-même son domaine, l'immobilisation par destination, en ce qui concerne les animaux, n'appartient, en règle générale, qu'aux animaux de trait nécessaires pour la culture, et que les autres, tels que les vaches qui ne fournissent que du lait au ménage, les moutons dont on emploie la toison à l'habillement des enfans et des domestiques, ne doivent point participer à ce privilége. Et la raison de son opinion, c'est que le Code, en ce cas, n'immobilise que les animaux sans le service desquels l'exploitation deviendrait impossible, et qu'il ne peut être permis d'étendre la fiction d'un cas à un autre.

Nous croyons que l'auteur a eu une idée trop étroite des dispositions de l'art. 524 du Code civil. Il ne faut pas attacher la qualité d'immeubles par destination seulement aux animaux employés au *labourage des terres*, mais en général à ceux qui sont utiles *à l'exploitation du domaine*. Il y a dans un domaine des fonds de diverses natures et de divers produits, et le législateur a dû et voulu favoriser la perception de tous. Combien de fonds ne rapportent que des produits que l'on peut recueillir seulement en faisant paître les animaux? Après la fauchaison même, après les moissons, il reste des produits qu'il est utile de ne pas délaisser en pure perte. Et leur récolte ainsi perçue constitue un genre d'exploitation qui se réalise en produits consistant en laine, en lait, etc., et le fumier des animaux qui les donnent va fertiliser la récolte prochaine. Pourquoi ce genre d'exploitation ne jouirait-il pas, aux yeux de la loi,

d'autant de faveur que celui qui consiste dans
le labourage des terres?

Ces produits ne sont pas, dites-vous (n°s 117 et 118),
les principaux du domaine , ils ne sont que des produits accessoires. —Que fait ici cette qualité d'accessoires? Je sais que c'est pour vous la raison
d'une distinction (*cod. loc.*); mais si le domaine
forme une unité dans son existence et dans son
exploitation, ses produits forment un seul et
même tout dont on ne doit pas distinguer entre
les parties. Il suffit que chaque animal soit employé
suivant la destination qu'il tient de la nature
pour être considéré comme attaché à l'exploitation et à la culture du domaine , dont il facilite
la perception des produits , plutôt qu'au service
du ménage. La jurisprudence paraît aussi rejeter
la distinction de l'auteur. (1)

Les biens s'acquièrent, dit M. Proudhon (n.°
334), en général, de deux manières : ou d'après
les règles du droit des gens, ou d'après celles
du droit civil.

Cette classification , puisée dans la législation
romaine (*Instit. de rer. div.*, § 11), reproduite
des anciens commentateurs, amène avec elle une
grande confusion. Elle pouvait, sous la législation

---

(1) V. Cass., 1.er avril 1835. — J. P., t. 3, p. 97. — Bordeaux , 14 décembre 1829. — S.... 30., 2., 70.

romaine, avoir sa raison d'être; elle servait. à
distinguer le droit primitif et fondamental, le droit
de la loi des douze tables, du droit que, par
motif d'équité, le préteur, en se fondant sur le
droit naturel, introduisit dans la législation, soit
pour corriger ou suppléer l'ancien droit, soit pour
faciliter les rapports et les transactions entre les
étrangers et les citoyens romains.

Mais quand Justinien a eu législativement con-
solidé l'alliance de ces deux droits, qui, jusqu'à
lui, avaient pour ainsi dire, marché parallèle-
ment (1), les modes du droit des gens ne sont-
ils pas devenus modes du droit civil?

Il est vrai que dans toutes législations civiles
on distingue des manières d'acquérir, dont le bénéfice peut être invoqué par le peuple seul qui
les a décrétées, et des manières d'acquérir communes à tout le genre humain, que le législateur
de chaque peuple semble seulement confirmer,
tandis qu'il a créé les autres. Cependant il n'est
aucun, de ces modes communs au genre humain
dont les conditions n'aient été réglées par le droit
civil. Et, d'ailleurs, peut-on appliquer cette distinction à notre législation où maintenant les étran-

_____

(1) Ils marchèrent côte à côte, mais le droit civil fut bientôt
dépassé et a fini par ne conserver qu'une existence morale qui
ne se manifestait que par les entraves qu'il suscitait an droit
nouveau.

gĕrs succèdent, peuvent contracter, acquérir, re
cevoir des biens et en disposer comme les citoyen
français?

L'auteur traitant au chap. 13, t. 2, de la pos
session, de ses diverses espèces et de ses prin
cipaux effets, néglige de s'arrêter sur une ques
tion qui touchait cependant au fond de sa matière
Y a-t-il un droit de possession? La possessio
peut-elle constituer un droit absolu ou réel
ou n'est-elle qu'un fait auquel la loi peut, sui
vant les circonstances, attacher des effets juri
diques? Cependant, dans l'étendue de sa discus
sion, il ne paraît lui attribuer que ces dernier
effets. Il adopte les classifications des différente
espèces de possessions que les anciens commen
tateurs ont cru reconnaître dans le droit romain
c'est-à-dire que dans cette partie de son ouvrag
il n'a pu, sans l'obscurité attachée à ces divisions
concilier les divers effets de la *possession réell*
et proprement dite, de la *possession impropre-*
ment dite ou de la *quasi-possession*, de la *pos*
session civile ou *de droit*, de la *possession puremen*
naturelle ou *de fait*, et de la *simple détention*. Il
n'a pas cherché, avec de Savigny, quelle était
la véritable origine de ces diverses qualifications
adoptées par les commentateurs, si la possession
dite *civile* n'a pas été ainsi nommé parce qu'elle
avait les caractères nécessaires pour l'usucapion,

c'est-à-dire parce qu'elle réunissait les conditions exigées par le *droit civil*, la loi des douze tables.

Il n'a pas cherché, avec le même jurisconsulte, si la possession *naturelle*, se subdivisant en deux classes, n'était pas, dans quelques cas, celle que le préteur avait introduite par opposition au droit civil et protégée par les interdits (1), et, dans les autres cas, celle qui, n'étant ni apte à produire l'usucapion, ni protégée par les interdits, appartenait cependant soit au fermier, soit au commodataire (2).

Peut-on transporter dans notre droit des qualifications fondées sur un dualisme qui ne divise pas notre législation, et créer des classes sur ces qualifications? Ne doit-on pas nommer possession *civile* toute possession qui serait protégée par la loi, qu'elle soit un effet du droit de propriété, ou qu'elle le fasse présumer, ou qu'elle émane de la volonté du propriétaire, telle que celle du fermier?

Est-ce que la possession du propriétaire ou de celui qui prescrit avec titre ou bonne foi n'est pas aussi naturelle que celle de l'usurpateur? Est-ce que la possession du fermier, du locataire, du commodataire et du dépositaire, émanant de

(1) Désignée ordinairement par le seul mot *possessio*.
(2) *Nuda detentio, corporaliter possidere.*

la volonté du propriétaire, et que l'on qualifie de *simple détention* n'est pas aussi *naturelle* que celle de l'usurpateur, du mari sur les biens dotaux et de l'usufruitier sur le fonds soumis à l'usufruit? (V. n.ºs 479, 481.)

N'est-il pas plus simple de diviser la possession en deux grandes classes, et de dire possession *à titre de propriétaire*, ou possession *à titre précaire?* distinguant la première suivant les circonstances accessoires qui lui sont attachées, par ex.: possession de *bonne foi,* possession de *mauvaise foi*, possession *publique*, *paisible*, *violente*, *clandestine*, possession *suffisante à prescrire*, possession annale ou *saisine*, etc. (1).

Pourquoi continuer de ne donner qu'à la possession des choses corporelles la qualification de possession *réelle et proprement dite*, et de qualifier la possession des choses incorporelles du nom de possession *improprement dite* ou de *quasi-possession?* Certainement la différence de nature de ces objets est la source de différence dans le droit, même relativement aux effets de la possession; mais quand il s'agit de considérer d'une manière générale quels sont nos pouvoirs sur ces diverses choses, ne devons-nous pas leur reconnaître le

(1) V. M. Troplong, *Prescription*, t. 1., p. 516.

même degré à l'égard des unes comme à l'égard
des autres? Ne sont-elles pas les unes et les autres
soumises également à notre pouvoir absolu?

Et puisque les choses incorporelles sont soumises à notre puissance, cette puissance ne nous
donne-t-elle pas une possession tout aussi *réelle*
que celle dont les choses corporelles sont l'objet?
La possession d'une chose n'est rien autre que la
faculté de lui faire subir les conséquences immé-
diates de nos actions.

Pourquoi maintenir (t. 2, p. 69) les vieilles
distinctions de la tradition, tradition *réelle*, tradition *symbolique*, et la tradition *par équipollent*?
Ces distinctions, ouvrage des commentateurs
plutôt que des jurisconsultes romains (1), ne peuvent donner qu'une fausse intelligence de cet
acte. Quel est le but de la tradition? C'est de
transférer la possession. Or, cet acte est inutile
lorsque la chose est déjà entre les mains de celui
à qui on en a transféré la propriété et qui la
possédait, par exemple, à titre de dépositaire
ou de fermier; pourquoi donc supposer inutilement une tradition *feinte*? (n.° 503). La chose
ne serait-elle pas en la possession de l'acquéreur,
la tradition qui, à cet effet, en serait faite de la
main à la main ne serait pas la seule à qui ap-

---

(1) Ducaurroy, *Instit. exp.*, t. 1., n. 403, note.

partiendrait le nom de *réelle :* la tradition des clefs
du magasin qui renferme les marchandises que
j'ai achetées, ne constitue-t-elle pas aussi une
tradition *réelle* de ces marchandises ? Ne suis-je
pas, par ce moyen, libre d'entrer dans le magasin quand il me plaira ? Ne suis-je pas libre
de disposer des marchandises comme il me plaira?
Pourquoi alors qualifier cette tradition du nom
de *symbolique ?* (n.º 504). Une clef peut-elle être
le symbole des blés ou des vins que renferme
le grenier ou la cave? (M. Ducaurroy, *loc. cit.*)

Et quand le vendeur ou le donateur retient
la chose pour en jouir à titre de locataire ou
d'usufruitier, la tradition, qui s'opère alors par
le seul effet de la volonté du vendeur ou du
donateur, n'est elle pas aussi *réelle?* L'acquéreur
ou le donataire n'a pas reçu la chose, il est vrai,
mais ne la possède-t-il pas, soit par le locataire,
soit par l'usufruitier, qui ne détiennent réellement que pour lui et en son nom (1)?

M. Proudhon ne veut pas que l'héritier de celui
qui a possédé sans titre puisse, de son chef,
réclamer les avantages du possesseur de bonne
foi, pour conserver les fruits qu'il a lui-même
perçus (t. 2, n.º 551).

---

(1) Ducaurroy, t. 1., n. 402, p. 306, 3.e édit. — Troplong,
Vente, n. 277.

Par une fiction de droit, la personne de l'auteur se continue dans celle de l'héritier, qui, succédant à l'universalité de ses droits et de ses charges, hérite des effets de sa bonne ou mauvaise foi. Par une conséquence de cette même fiction, la possession de l'auteur et celle de l'héritier ne font qu'une seule et même possession ; en sorte que si la bonne foi existe au commencement, l'héritier, serait-il de mauvaise foi, profitera de ses effets ; comme, réciproquement, si le commencement de la possession est infecté de mauvaise foi, l'héritier, serait-il de bonne foi, serait réputé posséder de mauvaise foi.

Ces principes sont constans quand il s'agit de prescription, de l'acquisition du fonds ; mais quand il s'agit de l'acquisition des fruits, il ne peut être question de confusion ou de jonction de possession. Car si l'acquisition du fonds n'est que l'effet d'une possession *continuée*, l'acquisition des fruits est l'effet d'une possession *même instantanée*. La possession de bonne foi, dans le premier cas, abrége le temps voulu pour acquérir ; la possesion de bonne foi, dans le second cas, transfère *immédiatement* la propriété des fruits perçus.

On ne doit, dans l'acquisition des fruits, que s'inquiéter du caractère de la possession, et ce caractère doit être vérifié à chaque nouvelle perception. Cette acquisition dépend tellement du fait positif de la bonne foi, que dès que ce fait cesse l'acquisition des fruits cesse aussi, quoique la fiction continue au profit du prescrivant, héritier de mauvaise foi du possesseur de bonne foi. Réciproquement, la prescription ne pourrait-elle avoir lieu à cause d'un vice réel attaché à la chose, le fait positif de la bonne foi peut encore faire acquérir les fruits de cette chose (1).

La prescription *ex jure venit*, l'acquisition des fruits *potius ex facto nostro*; de là il suit que la prescription doit subir les fictions qui lui ont été imposées par la loi, tandis que dans l'acquisition des fruits on a plus d'égards à la réalité des faits. Et si pour cette acquisition la bonne foi de l'auteur n'est pas transmissible à l'héritier de mauvaise foi (2), pourquoi la mauvaise foi le serait-elle davantage? Si l'existence fictive de la bonne foi ne peut remplacer la réalité de la mauvaise foi dans la personne de l'héritier, pourquoi la réalité de la bonne foi lui serait-elle inutile contre l'existence fictive de la mauvaise foi? Enfin il y aurait autant d'injustice à exiger de l'héritier du possesseur de mauvaise foi la restitution des fruits qu'il a

---

(1) L. 48, ff., *de acq. rer. dom.*

(2) V. Cujas, *ad African.*, *tract.* 7, L. 40, *de acq. rer. dom.*

perçus de bonne foi, qu'il y en aurait à l'exiger du successeur à titre particulier et de bonne foi du même possesseur. Aussi croyons-nous que le caractère de la possession doit être considéré dans la personne du possesseur, abstraction faite de sa qualité de successeur, et que, dans l'espèce, la transmission de la succession est un titre suffisant pour légitimer l'acquisition des fruits (1).

M. Proudhon se méprend sur le sens des expressions contenues au § 3 de l'article 555 C. civ.: il prend ces mots *plus ou moins grande augmentation de valeur* comme des termes de comparaison entre l'étatantérieur du fonds qui a reçu les plantations ou constructions et son état postérieur. C'est ce qui lui fait dire que l'article ne suppose point comme condition nécessaire que l'héritage ait réellement reçu une mieux-value quelconque, pour que le propriétaire qui veut conserver les ouvrages doive les rembourser au possesseur évincé (V. n.° 565).

Mais il est évident que ces mots sont des termes de comparaison entre la valeur des matériaux et de la main-d'œuvre et l'état du fonds après la confection des travaux ; alors il peut arriver que la valeur que le fonds a reçue soit

(1) Voët, Pandect., *de acq. rer. dom.*, n. 31. — Duranton, t. 4, n. 357. — M. Hennequin, p. 231 et suiv. — Prop. mobilière, n. 479.

moins grande que la valeur des matériaux et le prix de la main-d'œuvre; mais il y aura toujours une augmentation quelconque. Si le fonds n'en avait pas reçu de l'augmentation, mais, au contraire, de la diminution, le possesseur de mauvaise foi, bien loin d'avoir à répéter quelque chose, serait obligé de tenir compte de la diminution.

Dans les rapports du propriétaire et du possesseur de bonne foi, l'auteur, ne faisant aucune distinction entre les impenses utiles et les impenses purement voluptuaires ou d'agrément, oblige le propriétaire à payer le prix des matériaux et de la main-d'œuvre ou la plus-value que le fonds a pu recevoir de ces dernières impenses (V. n.º 573).

L'art. 555 ne peut s'appliquer aux impenses d'agrément (1), car s'il parle d'ouvrages en général, il suppose néanmoins qu'ils sont dirigés dans un but d'utilité, puisqu'il doit en résulter une augmentation pour le fonds. Aussi l'article 1381 ne condamne-t-il pas celui auquel la chose est restituée à tenir compte de ces dépenses. Ces distinctions ne sont pas sans utilité, car il peut être fort important pour le propriétaire de n'être pas obligé de solder des impenses dont il ne retirera

---

(1) *Quibus factis res non fit melior*, dit Cujas sur la L. 79, *de V. S.*, parag. 1.er.

aucun produit. Ces distinctions ne sont pas davantage une pure imagination de notre part, car elles ont leur fondement dans les lois 38 et 29 *de rei vindicatione*, ff (1). Le possesseur de bonne foi peut seulement enlever, *sine lesione rei*, ces objets dont il pourrait encore retirer de l'utilité. Le possesseur de mauvaise foi ne peut avoir d'autre droit.

Il est temps de terminer nos critiques. L'auteur, qui a voulu réunir dans un seul traité le *Traité des Choses*, le *Traité du Droit de domaine de Propriété* (2) et le *Traité de la Possession* (3) de Pothier, a donné plus d'étendue au sien en traitant, dans les deux dernières parties, de quelques lois importantes, telles que celles qui régissent les expropriations pour cause d'utilité publique, les mines, l'administration, l'acquisition et l'aliénation des biens de l'État, des communes, des établissemens publics, de la Couronne et de la liste civile, du domaine particulier du Roi, etc.

L'esprit profond du jurisconsulte, l'exposition

---

(1) V. Voët, *Pandect.*, n. 36. — Vinnius, *Quest. select.*, liv. 1., chap. 24. — Il y avait exception, *pour raison particulière*, au profit de l'héritier putatif. — Les impenses d'agrément sont moins destinées à l'amélioration du fonds qu'à la satisfaction personnelle de l'individu. — V. *Prop. mobilière*, n. 506, 512.

(2) Sauf la 2.e Partie, contenant l'action de revendication et la pétition d'hérédité.

(3) Il n'a donné qu'un sommaire.

lucide de la matière et les nombreuses espèces auxquelles il fait l'application des textes, donnent une intelligence claire et facile de la loi, et feront toujours consulter avec fruit le *Traité du Domaine de Propriété*.

On nous demandera peut-être pourquoi cette Critique placée ici? —Notre réponse sera brève. — Cette Critique, faite il y a plus d'un an, devait en effet paraître ailleurs; et si nous l'avons insérée ici en en diminuant l'étendue, c'est uniquement pour épaissir cette brochure, qui n'est, du reste, composée que d'extraits.

Nota. Si nous n'avons pas cité la brochure de M. Huzard, *médecin-vétérinaire, sur les Vices rédhibitoires des animaux*, c'est parce que cette brochure n'est nullement un ouvrage de jurisprudence, ainsi que l'auteur se plaît à le reconnaître lui-même, mais seulement un Manuel pour MM. les experts *vétérinaires*, renfermé dans les limites de leur science. — Quant à nous, nous avons cherché, *dans les limites de la légalité*, à préciser les cas de garantie, et à faciliter l'exercice des droits qui en ressortent. C'est une dissertation de jurisprudence utile aux propriétaires, commerçans et hommes d'affaires.

TABLE
DES CHAPITRES.

De la Garantie des Vices rédhibitoires.

TEXTE

DES ARTICLES DONT L'INTERPRÉTATION EST
DONNÉE DANS CETTE BROCHURE.

———————

CODE CIVIL.

———————

De la garantie des défauts de la chose vendue (1).

ART. 1641. -- Le vendeur est tenu de la garantie à raison des défauts cachés de la chose vendue, qui la rendent impropre à l'usage auquel on la destine, ou qui diminuent tellement cet usage, que l'acheteur ne l'aurait pas acquise ou n'en aurait donné qu'un moindre prix, s'il les avait connus.

(V. *infrà*, *dans l'art.* 1.er *de la loi du 20 mai 1838*, *quels sont les animaux susceptibles de vices rédhibitoires*, *et quels sont leurs vices particuliers.*)

———————

(1) Les articles suivans du Code civil renferment les principes généraux de la matière applicables à *toutes choses* en général.

La loi du 20 mai 1838 est *particulière* aux ventes et échanges *d'animaux*, et l'on est presque toujours obligé, quand l'on veut remonter aux principes, de recourir aux articles du Code civil pour expliquer et développer cette loi.

1642. — Le vendeur n'est pas tenu des vices apparens et dont l'acheteur a pu se convaincre lui-même.

1643. — Il est tenu des vices cachés, quand même il ne les aurait pas connus, à moins que, dans ce cas, il n'ait stipulé qu'il ne sera obligé à aucune garantie.

1644. — Dans le cas des articles 1641 et 1643, l'acheteur a le choix de rendre la chose et de se faire restituer le prix, ou de garder la chose et de se faire rendre une partie du prix, telle qu'elle sera arbitrée par experts.

(*Ce choix est supprimé, quant aux animaux, par l'article 2 de la loi du 20 mai 1838.*)

1645. — Si le vendeur connaissait les vices de la chose, il est tenu, outre la restitution du prix qu'il en a reçu, de tous les dommages et intérêts envers l'acheteur.

1646. — Si le vendeur ignorait les vices de la chose, il ne sera tenu qu'à la restitution du prix, et à rembourser à l'acquéreur les frais occasionnés par la vente.

1647. — Si la chose qui avait des vices a péri par suite de sa mauvaise qualité, la perte est pour le vendeur, qui sera tenu envers l'acheteur à la restitution du prix, et autres dédommagemens expliqués dans les deux articles précédens. --- Mais la perte arrivée par cas fortuit sera pour le compte de l'acheteur (V. l'article 7 de la loi du 20 mai 1838).

1648. --- L'action résultant des vices rédhibitoires doit être intentée par l'acquéreur dans un bref délai, suivant la nature des vices rédhibitoires, et l'usage du lieu où la vente a été faite. (V. *quant aux animaux, les articles* 3, 4 *et* 5 *de la loi du* 20 *mai* 1838).

1649. --- Elle n'a pas lieu dans les ventes faites par autorité de justice.

LOI du 20 *Mai* 1838 *concernant* LES VICES RÉDHIBITOIRES *dans les ventes et échanges d'animaux domestiques.*

Article 1.ᵉʳ --- Sont réputés vices rédhibitoires et donneront *seuls* ouverture à l'action résultant de l'article 1641 du Code civil, dans les ventes ou échanges des animaux domestiques *ci-dessous*

*

dénommés, sans distinction des localités où les ventes et échanges auront eu lieu, les *maladies ou défauts ci-après*, savoir :

Pour le cheval, l'âne et le mulet, la fluxion périodique des yeux, l'épilepsie ou le mal caduc, la morve, le farcin, les maladies anciennes de poitrine ou vieilles courbatures, l'immobilité, la pousse, le cornage *chronique*, le tic *sans usure des dents*, les hernies inguinales *intermittentes*, la boiterie *intermittente* pour cause de vieux mal.

Pour l'espèce bovine, la phthisie pulmonaire ou pommelière, l'épilepsie ou mal caduc, les suites de la non délivrance, le renversement du vagin ou de l'utérus, après le part chez le vendeur.

Pour l'espèce ovine, la clavelée : cette maladie, reconnue chez un *seul* animal, entraînera la rédhibition de tout le troupeau. La rédhibition n'aura lieu que si le troupeau *porte la marque* du vendeur. *Le sang-de-rate :* cette maladie n'entraînera la rédhibition du troupeau qu'autant que, dans le délai de la garantie, la perte constatée s'élèvera au *quinzième* au moins des animaux achetés. Dans ce dernier cas, la rédhibition n'aura lieu que si le troupeau *porte la marque* du vendeur.

ART. 2. -- L'action en réduction du prix, autorisée par l'art. 1644 du Code civil, ne pourra être exercée dans les ventes et échanges d'animaux énoncés dans l'art. 1.er ci-dessus.

Art. 3. -- Le délai pour intenter l'action rédhibitoire sera, non compris le jour fixé pour la livraison, de *trente jours* pour le cas de fluxion périodique des yeux et d'épilepsie ou mal caduc, de *neuf jours pour tous les autres cas.*

Art. 4. -- Si la livraison de l'animal a été effectuée, ou s'il a été conduit, dans les délais ci-dessus, hors du lieu du domicile du vendeur, les délais seront augmentés d'un jour par cinq myriamètres de distance du domicile du vendeur au lieu où l'animal se trouve.

Art. 5. -- *Dans tous les cas,* l'acheteur, *à peine d'être non recevable,* sera tenu de provoquer, *dans les délais de l'art.* 3, la nomination d'experts chargés de dresser procès-verbal ; la requête sera présentée au juge de paix du lieu *où se trouvera l'animal.* Ce juge nommera immédiatement, suivant l'exigence du cas, un ou trois experts, qui devront opérer dans le plus bref délai.

Art. 6. -- La demande sera dispensée du préliminaire de conciliation, et l'affaire instruite et jugée comme matière sommaire.

Art. 7. -- Si, pendant la durée des délais fixés par l'art. 3, l'animal vient à périr, le vendeur ne sera pas tenu de la garantie, à moins que l'acheteur ne prouve que la perte de l'animal provient de l'une des maladies spécifiées dans l'art. 1.er

ART. 8. Le vendeur sera dispensé de la garantie résultant de la morve et du farcin pour le cheval, l'âne et le mulet, et de la clavelée pour l'espèce ovine; s'il prouve que l'animal, depuis la livraison, a été mis en contact avec des animaux atteints de ces maladies.

De la vente des choses qui s'estiment au poids, au compte ou à la mesure.

CODE CIVIL.

ART. 1585.

Lorsque des marchandises ne sont pas vendues en bloc, mais au poids, au compte ou à la mesure, la vente n'est point parfaite, en ce sens que les choses vendues sont aux risques du vendeur jusqu'à ce qu'elles soient pesées, comptées ou mesurées; mais l'acheteur peut en demander ou la délivrance ou des dommages-intérêts, s'il y a lieu, en cas de l'inexécution de l'engagement.

ART. 1586.

Si, au contraire, les marchandises ont été vendues *en bloc*, la vente est parfaite, quoique les marchandises n'aient pas encore été pesées, comptées ou mesurées.

ART. 1587.

A l'égard du vin, de l'huile et des *autres choses que l'on est dans l'usage de goûter* avant d'en faire l'achat, il n'y a point de vente tant que l'acheteur ne les a pas goûtées et agréées.

DE
LA GARANTIE
DES
VICES RÉDHIBITOIRES.

PRÉLIMINAIRE.

SOMMAIRE.

1. *Des obligations du vendeur.*

2. *Du caractère de la possession qu'il doit délivrer.*

3. *Effet de la bonne foi qui doit accompagner le contrat de vente.*

4. *Origine de l'institution de la garantie des vices, rédhibitoires.*

5. *De l'étendue donnée à l'Édit, et de son esprit conforme en cela à celui du Code civil.*

6. *Pourquoi les vices qui donnent lieu à la garantie, et l'action qui la fait valoir, sont dits rédhibitoires.*

7. *A qui appartient cette action ?*

1. Le vendeur a deux obligations principales à remplir, celle de délivrer et celle de garantir la chose vendue (art. 1603 C. civ.).

La garantie a deux objets : le premier est la possession paisible de la chose vendue ; le second, les défauts cachés de cette chose ou les vices rédhibitoires (art. 1625 C. civ.).

2. La possession que le vendeur est tenu de procurer à l'acheteur ne doit pas être, en effet, seulement libre, pleine et entière, mais encore *utile*, c'est-à-dire que la chose doit être propre à l'usage auquel elle est destinée et que l'acheteur avait lieu d'espérer. La législation de tout peuple civilisé doit tendre à ce but, et l'égalité, qui est l'ame du contrat de vente, le commande.

3. La bonne foi, qui doit accompagner le contrat de vente, veut aussi que l'acheteur soit instruit des vices comme

des qualités de la chose vendue , car il ne peut sans cela en connaître la véritable valeur. Ne serait-ce pas le tromper que de lui donner des espérances chimériques et de lui cacher les dommages qu'il pourrait ressentir dans sa possession ?

4. Ces notions si simples de l'équité restèrent cependant étrangères à l'ancien droit formulaire des Romains, et ce n'est que par des dispositions réglementaires dues à une classe de magistrats qu'elles s'introduisirent dans leur législation.

A Rome les Édiles-Curules , qui , entre autres fonctions , étaient chargés de la police des marchés (1), promulguèrent un édit (2) , *ut occurratur*, pour nous servir des termes d'Ulpien , *fallaciis ven-*

___

(1) *Annonœ , et propter annonam contractuum cura penès quos erat.*

(2) Ils avaient ce droit *de quibusdam causis. (Instit. de Jure natur.*, § 7.)

dentium et emptoribus succurratur , qui-cumque decepti à venditoribus fuerint
(1). Cet Édit nous a été conservé (2)
par Justinien dans ses Pandectes , liv.
21 , tit. 1.er, avec les Commentaires d'Ulpien , de Gaius et de Paul.

5. Le dol du vendeur paraît, d'après
le passage que nous venons de citer,
devoir être une condition nécessaire pour
que l'acheteur puisse prévenir le dom-mage dont la nature vicieuse de la chose
le menace. Cependant, là ne furent pas
bornées les prévisions de l'Édit: l'exis-tence des vices suffisait seule pour donner
une action à l'acheteur, auraient-ils même
été ignorés du vendeur. Qu'importe, en
effet, aux intérêts de l'acheteur qu'il soit
trompé sur la qualité réelle de la chose
par l'ignorance du vendeur ou par sa mau-vaise foi? N'est-il pas plus juste de faire

(1) L. 1, § 2, ff. de Ædil. edicto.
(2) Du moins pour la plus grande partie. Le 1.er
chapitre est incomplet.

supporter par le vendeur les dommages qui sont la suite de vices qu'il a pu connaître ? (1)

Tel était l'esprit de l'Édit, et tel est celui du Code civil sur cette matière.

6. Il s'agit ici, comme on le voit, d'une action en résolution ; et parce que son but final était de remettre les choses au même état qu'elles étaient antérieurement à la vente, et que ce but ne peut être atteint qu'en rendant l'objet improuvé au vendeur, elle a été dite de là Redhibitoire (2) : *Redhibere*, dit Ulpien (3), *est facere ut rursùs habeat venditor quod habuerit; et*

---

(1) Aussi Ulpien a-t-il eu le soin, à la suite du passage que nous venons de citer, d'ajouter immédiatement cette remarque : « *Dummodò sciamus venditorem, etiam si ignoravit ea quæ Ædiles prestari jubent, tamen teneri debere. Nec est hoc iniquum; potuit enim ea nota habere venditor : neque enim interest emptoris cur fallatur ignorantia venditoris an calliditate.* » V. art. 1643 C. civil.

(2) Elle n'est plus, dans notre droit, qu'une branche de l'action *ex empto.*

(3) L. 21 d. tit.

quia reddendo id fiebat, idcircò est redhibitio appellata, quasi redditio; et les vices donnant lieu à cette action ont reçu la même qualification.

7. Cette action peut être exercée non seulement par l'acheteur, mais encore par le co-échangiste (1) et par le locataire

(1) Art. 1707 C. civ. et 1.er de la loi du 20 mai 1838. — L'Édit ne s'appliquait qu'aux ventes, mais les jurisconsultes l'étendirent aux échanges. (L. 19, § 5, *de Ædil. edicto ff.*) On insiste, a dit M. Gillon (Discussion de la loi du 20 mai 1838 à la Chambre des Députés), pour savoir ce qui arrivera après l'échange rompu par le juge, si l'échangiste condamné ne peut rendre bien portant l'animal qu'il avait reçu. Il arrivera la chose la plus simple et la plus juste. L'équité veut qu'on regarde l'échange comme ayant compris deux animaux de valeur égale. En conséquence, l'animal qu'on ne peut restituer est supposé mériter le prix que vaudrait l'animal malade ou vivant, si ce dernier n'était pas infecté du mal qui a donné lieu à l'action rédhibitoire. On l'estimera donc comme s'il était purgé, et c'est ce prix d'estimation qui sera payé à l'échangiste qui a obtenu la rupture de l'échange.

Ce procédé pourra, ajoute M. Duvergier (Recueil des lois, 1838, p. 231, note 1.re), être en effet mis en usage ; mais les juges auront le droit d'en employer d'autres ; et, au lieu de faire estimer l'animal malade, pour arriver à connaître le prix

(1), mais non par le donataire : *etenim*, dit Ulpien(2) , *quid se restiturum donator repromittit, quandò nullum pretium interveniat ?*

Voyons donc successivement quelles choses sont sujettes aux vices rédhibitoires; quels vices sont réputés, rédhibitoires ; quelles actions naissent de ces vices ; quelles sont

---

de celui avec lequel a eu lieu l'échange, ils pourront, ou faire estimer ce dernier, s'il existe encore, quoiqu'étant en d'autres mains , ou prendre pour base de leur décision le prix moyennant lequel il aura été vendu , s'il l'a été. En un mot, ils ordonneront la restitution de la valeur de l'animal donné en échange, et ils détermineront cette valeur par les moyens qu'ils croiront les plus sûrs.

(1) Art. 1721 , C. civ. — Le droit romain n'était pas affirmatif: v. l. 63, § *cur autem*; pour la négative , Voët, n.º 11, et le Commentaire de Nood; pour l'affirmative , Cujas, *Observ.*, *lib.* 12, *cap* 38. — La résiliation d'un bail a été accordée , parce que les eaux d'un canal et d'un étang, dépendant de la propriété louée , rendaient l'habitation malsaine. (V. le *Droit* des 5 et 6 juin 1837, arrêts de rejet des 29 et 30 mai 1837.) Quant à la question des dommages-intérêts, la cour royale de Paris n'a pas cru devoir appliquer la distinction de l'article 1646.

(2) L. 62, dict. tit.

les conditions de l'action rédhibitoire ;
quels sont ses effets ; quelles exceptions
peuvent lui être opposées, et quels tribunaux doivent en connaître.

CHAPITRE 1.er

QUELLES CHOSES SONT SUJETTES AUX VICES
RÉDHIBITOIRES.

SOMMAIRE.

8. L'Édit ne s'expliquait que sur les vices dont étaient affectés les esclaves (1) et les bêtes de charge (2); mais les jurisconsultes s'étant emparés des termes de l'Édit, en développèrent l'esprit, et, sous

---

(1) 1.er chapitre.
(2) 2.e chapitre.

prétexte d'équité (1), l'appliquèrent à
toutes les autres choses, d'abord aux choses
mobilières, à tous les animaux (*Pomp.*,
l. 48, § 5, *de Ædil. edicto*), ensuite aux
choses immobilières (2). Ulpien (d. l. 1.)
n'argumente pas, en effet, des termes de
l'Édit pour autoriser cette extension, mais
il s'appuie sur l'autorité de Labéon (3).

9. L'objet de la vente ne serait-il affecté d'un vice rédhibitoire que dans son
accessoire, que la garantie n'en serait pas
moins due par le vendeur. L'accessoire,
dit Ulpien d'après Pomponius, doit être

---

(1) Ulpien, d'après Pedius, a formulé leur principe à cet égard dans les termes suivans rappor-
tés par Justinien (*l. 13*, *ff de legibus*): *Nam, ut
ait Pedius, quoties lege aliquid unum vel alterum intro-
ductum est, bona occasio est, cætera quæ tendunt ad
eamdem utilitatem vel interpretatione vel certè jurisdic-
tione suppleri.*

(2) Ulpien, l. 1, dic. tit.; V. aussi l. 63, et Nood,
eod. tit.

(3) Voici les termes de la loi: *Labeo scribit edictum Ædilitium Curulium de venditionibus rerum, esse
tam earum quæ soli sint, quàm earum quæ mobiles
aut se moventes.*

aussi sain que le principal, parce qu'il fait tout aussi bien que lui partie de la vente (*L.* 31 , § *ult.*).

10. Cependant il faut, avec le même jurisconsulte, dire que la garantie n'est due que lorsque l'objet est considéré comme corps certain et particulier, et non pas quand il fait partie d'une universalité et y est confondu, parce qu'alors il est cédé tel qu'il est avec ses vices et ses qualités. La loi 33, *dict. tit.*, nous offre des exemples de l'une et de l'autre règle. Et Pothier (vente n.° 204) nous a donné les deux suivans : « Si je vous ai vendu une métairie avec tant de chevaux qui y sont, tant de vaches, et telle et telle chose qui s'y trouvent, je serai tenu envers vous à la garantie, s'il se trouve quelque vice rédhibitoire dans quelqu'un desdits chevaux, desdites vaches, ou autre chose : car quoiqu'elles ne soient vendues que comme choses nécessaires à la métairie, qui fait le principal objet de la

vente, elles y sont néanmoins spécialement comprises *tanquàm certæ et singulæ res.* Au contraire, s'il est dit par le contrat que je vous vends la métairie avec les bestiaux et autres meubles qui s'y trouvent, je ne serai tenu à aucune garantie de vices rédhibitoires qui s'y trouveraient dans quelques-uns des chevaux ou des vaches qui se sont trouvés dans cette métairie ; car je ne vous ai vendu que l'universalité des meubles et effets qui se trouvaient dans la métairie. Je n'en ai vendu aucun en particulier. » (*V. infrà* la question agitée à l'égard d'un troupeau de moutons.)

11. Les textes des lois romaines que nous venons de citer reçoivent encore dans notre droit leur application. Les art. 1641 et suivans du Code civil n'ont aucun caractère limitatif quant aux objets. Aussi, sous son empire, la garantie des vices rédhibitoires est-elle reconnue obligatoire

dans les ventes d'immeubles (1). Dumoulin
(2) avait déjà reconnu dans l'ancienne jurisprudence l'application des lois romaines
aux ventes d'immeubles, et voulait qu'il
y eût lieu à rédhibition, si de l'héritage
s'exhalait un air pestilentiel (3), ou s'il
produisait des herbes vénéneuses et mor-
telles (4).

Toutes les choses mobilières, en général,
sont aussi susceptibles d'être atteintes de
vices rédhibitoires ; cependant nous vou-
drions, que conformément à la loi 48, § 8,
Ædil. edict., l'action ne fût pas recevable,
quand il s'agirait de choses de minime valeur (5) : telles sont, par exemple, les pro-
visions de bouche que l'on achète chaque

---

(1) V. Montpellier, 25 février 1807. — Sirey, 7,
2, 298. — Lyon, 5 août 1824. — S., 24, 2, 365
— D. 25, 2, 17. — M. Troplong, n.° 548 — Duvergier, vente t. 1.ᵉʳ, p. 495, note 3.

(2) *De divid.*, n.° 620, et Pothier, vente n.° 207.

(3) Ulpien, l. 49, D. tit.

(4) Dioclétien, l. 4, C. *de œdil. act.*

(5) Pothier, Pand., n.° 9, note 3.

jour ; et il y a à l'égard de ces dernières choses une raison particulière, c'est que les vices dont elles sont atteintes sont presque toujours faciles à constater.

12. Une distinction importante dans cette matière doit être faite entre les choses mobilières ordinaires et les animaux. Tous les animaux soumis à notre possession ne sont pas susceptibles de vices reconnus rédhibitoires, mais seulement les animaux *domestiques* (1), et parmi ceux-ci, seulement le cheval, l'âne et le mulet, le bœuf et la vache, et les moutons (2). Les autres animaux domestiques, tels que le porc, la chèvre, etc., ne sont donc plus susceptibles de vices rédhibitoires.

_____

(1) Art. 1.er, *in principio*, de la loi du 20 ma 1838.

(2) V. art 1.er de cette loi.

CHAPITRE II.

QUELS VICES SONT RÉPUTÉS RÉDHIBITOIRES.

SOMMAIRE.

13. *Ils sont spécifiés quant aux animaux.*

14. *Principes communs des divers vices rédhibitoires.*

15. *Tout vice rédhibitoire est latent de sa
nature. Application de ce principe à des
cas douteux.*

16. *La délivrance d'une quantité moindre
ne constitue pas un vice rédhibitoire.*

17. *Des poutres pourries intérieurement;
des tonneaux futés, etc.*

18. *QUID des graines qui ne lèvent pas ?*

19. *QUID des étoffes achetées en pièces et
tarées ?*

20. *Des vices particuliers aux animaux.*

21. *Vices écartés par le législateur.*

13. La loi du 20 mai 1838 a spécifié les
vices rédhibitoires particuliers aux ani-

maux, et les a fixés d'une manière limitative
(1) ; toute incertitude a donc cessé sur ce
sujet. Il n'en est pas de même à l'égard des
autres choses inanimées, des marchandises.
A leur égard, les principes généraux du Code
civil, les usages locaux et du commerce,
ont conservé leur force.

14. Cependant les vices admis par le législateur de la loi du 20 mai 1838, comme
ceux qui doivent être admis à l'égard des
autres choses mobilières, ont des caractères
communs qui ont déterminé le législateur
dans son choix (2), et qui doivent servir
de guide au jurisconsulte dans ses applications aux autres objets.

---

(1) Pour composer la nomenclature des vices
rédhibitoires, a dit le Ministre dans l'exposé des
motifs, il a paru convenable, 1.° de ne pas s'écarter
du principe des art. 1641 et 1642 du Code civil;
2.° de n'admettre que des vices ou défauts réputés
rédhibitoires par les anciens usages et la science
vétérinaire.

(2) V. art. 1.er de la loi, et l'exposé des motifs
du Ministre du commerce.

En effet, tout vice rédhibitoire a un caractère de gravité qui rend la chose qui
en est affectée impropre à l'usage auquel
elle est destinée, ou qui diminue considérablement cet usage (1). Cependant il n'est
pas nécessaire que ce vice soit incurable ;
Ulpien, d'après Pomponius, le dit en
termes formels : *Pomponius ait, non tantùm
ad perpetuos morbos, verùm ad temporarios
quoque hoc edictum pertinere* (l. 6, d. t.).
Et Nood (2) ajoute cette réflexion : *Et rectè;
utrùm enim temporariùs an perpetuus
servi morbus sit, quid refert emptoris? dummodò ejus ministerio noceat morbus, de
quo, tempore venditionis, à venditore non est
certior factus.*

Il suffit donc que le défaut dont est atteint
la chose vendue empêche ou diminue son
usage, sans s'inquiéter de son caractère de
perpétuité ou des moyens qui pourraient y

(1) Art. 1641 C. civil, et l. 1, § 7, d. tit.
(2) Comment., t. 2, page 356, col. 2.

remédier. Cette doctrine est celle de notre droit ; le législateur de la loi du 20 mai 1838 l'a adoptée, puisqu'il a admis des vices qui n'entraînent pas la mort, et sont sans caractère de perpétuité.

Et en ce qui concerne les autres choses sur lesquelles cette dernière loi ne s'explique pas, la doctrine est la même, et elle a été formellement appliquée par la cour de Lyon (1). Nous sommes bien loin de dire, pour cela, qu'un vice passager et léger soit une cause suffisante ; l'esprit de l'art. 1641, et ses conditions implicites, nous donneraient un démenti. Ulpien, lui-même (2), nous avertit du contraire ; ce serait, en effet, contraire à la raison que l'on pût faire résilier une vente pour une cause minime (3).

_____

(1) V. son arrêt du 5 août 1824, S. 24, 2, 365 ; nous le rapporterons *infrà*. V. M. Troplong, vente n.° 556 ; — M. Duvergier, vente n.° 594.

(2) L. 1, § 8, et l. 4, § ult., ff. ad tit.

(3) Pand. l. 54, ff. *de contrah. empt.* -- V. Nood, *Observ.*, lib. 2, cap. 11.

15. Tout vice rédhibitoire est latent de sa nature : en effet, le vendeur ne saurait être accusé de mauvaise foi pour n'avoir pas révélé un vice patent par lui-même. L'acheteur n'a alors qu'à accuser son imprévoyance, s'il' ne l'a pas remarqué (1).

Voyons des applications de ce principe dans des circonstances encore douteuses , c'est-à-dire en dehors des vices attachés aux animaux.

Le sieur Belin vendit à la dame Laurent (2), par acte notarié du 8 septembre 1823, une maison, située à Lyon, pour le prix de 150,000 francs.

L'acte porte que la maison est vendue telle qu'elle se contient et comporte. Il

---

(1) Pothier, vente n.º 208. — Brunnemann sur la loi 1.ʳᵉ , n.º 2 , art. 1642 C. civ. — V. les lois romaines citées par M. Troplong, n.º 554. *Ignorantia supina est falli in iis quæ palàm apparent : ac proindè præstanda non sunt*, dit Cujas sur la l. 43, § 1, *de contrah. empt.* ff. — V. aussi Perez, c. *de ædil. act.*, n.º 3. — Voët, n.º 8.

(2) V. *Journal du Palais*, t. 2, 1825, p. 74. — S., 24, 2, 565.

paraît que les conventions ci-dessus avaient
été d'abord consignées dans un acte sous
seing privé, du 7 juillet 1823.

Le 27 février 1824, procès-verbal
dressé par le juge de paix, assisté d'un
architecte, à la requête de la dame Laurent,
et constatant que les poutres qui soute-
naient les planchers de la maison vendue
sont dans un tel état de dégradation et de
pourriture, qu'en plusieurs endroits les
carrelages sont enfoncés, et que tous les
planchers sont sur le point de s'écrouler.

Le 5 mars 1824, la dame Laurent,
prenant ce procès-verbal pour base de sa
demande, assigna le sieur Belin devant le
tribunal civil de Lyon, en restitution du
prix de la vente, conformément à l'art.
1644 du Code civil, attendu que les défauts
signalés dans le procès-verbal avaient les
caractères spécifiés par l'art. 1641.

Le sieur Belin répondit d'abord que
l'action résultante des vices rédhibitoires

ne s'appliquait pas aux ventes d'immeubles;
que cela résultait du discours même de
l'orateur du Gouvernement, qui, passant
à l'examen du titre relatif aux vices rédhibitoires, s'exprime ainsi :

« Je viens de parler de la garantie relative aux immeubles. Il s'agit maintenant
de celle relative aux autres objets : elle
résulte des vices de la chose vendue. »

Le sieur Belin soutenait, en second
lieu, que les defauts reprochés n'étaient
pas des défauts cachés, dans le sens de l'art.
1641, et qu'ils n'avaient pas le caractère
de gravité que cet article détermine. On
entend, disait-il, par défauts cachés, dans
le sens de l'art. 1641, non pas les défauts
que l'acheteur n'a pas connus, mais ceux
qu'il n'a pas pu connaître.

« Le vendeur, porte l'art. 1642, n'est
pas tenu des vices apparens et dont l'acheteur a pu se convaincre lui-même. »

Or, l'état de dégradation des poutres,

qui serait tel, si l'on en croit la dame
Laurent, que les carrelages auraient fléchi,
a pu facilement être vérifié et reconnu ;
l'acheteur ne pouvait-il pas d'ailleurs reconnaître le mauvais état des poutres en enle-
vant un peu de parquet ou de carrelage ?
Mais, ajoutait le sieur Belin, les défauts
reprochés n'ont pas le caractère de gravité
que l'art. 1641 détermine. En effet, cet
article n'a pu vouloir parler que des défauts
qui frappent d'une impropriété perpétuelle
ou irréparable tout ou partie de l'objet
vendu. Car, s'il suffisait, pour que les vices
fussent rédhibitoires, qu'ils créassent une
impropriété quelconque, réparable ou non,
pourvu seulement qu'elle ait pour effet
de diminuer la valeur de la chose vendue,
tous les défauts cachés seraient rédhibitoires, et ce serait bien inutilement que la
loi leur aurait assigné un second caractère.
Pour entendre l'art. 1641 dans un sens
qui puisse s'accorder avec l'intention du

législateur, il faut nécessairement admettre qu'il n'a voulu parler , dans cet article , que des défauts qui créent une impropriété radicale, la seule qui soit une impropriété.

Mais le tribunal civil de Lyon a repoussé cette défense par les motifs suivans :

Attendu que d'après l'art. 1641 du Code civil , le vendeur est tenu de la garantie des défauts cachés de la chose vendue, lorsque ces défauts ont le caractère de gravité que cet article détermine ; attendu que cette disposition est générale , et que, dès lors , elle s'applique aux ventes d'immeubles comme aux ventes de choses purement mobilières ; attendu qu'il ne s'agit plus que de savoir si les défauts ou vices de la maison vendue à la dame Laurent ont les caractères des vices rédhibitoires , qui, seuls, peuvent justifier son action ; attendu à cet égard que la loi a pris soin elle-même de déterminer ces caractères, qui consistent seulement en ce que les vices soient cachés, et en ce que leur gravité soit telle qu'elle rende la chose vendue impropre à l'usage auquel on la destine, ou qu'elle diminue tellement cet usage, que l'acheteur ne l'aurait pas acquise, ou n'en aurait donné qu'un moindre prix, s'il avait connu les vices; attendu que les vices dont se plaint la dame Laurent consistent dans l'altération, la pourriture, la dissolution des poutres ou sommiers qui supportent la presque totalité des planchers de la maison vendue; qu'ainsi, cette sorte de vices rentre, bien évidemment, dans la classe des vices cachés, puisque les poutres ou sommiers étant couverts ou enveloppés, dans toute leur étendue, par l'épaisseur des planchers et plafonds, se trouvent ainsi dérobés à tous les regards : d'où il suit qu'il a été impossible à la dame Laurent, lors de son acquisition, de les voir, et de s'assurer de leur véritable état; attendu qu'il est dérisoire de prétendre qu'elle

aurait pu les faire visiter, puisqu'une pareille opération aurait nécessité la démo-
lition de tous les planchers, ce que, à coup
sûr, le vendeur ni les locataires n'auraient
voulu permettre ni souffrir; attendu que
la dame Laurent articule que ces vices
cachés sont tels, que tous ou presque tous
les planchers de la maison sont menacés
d'un écroulement général; qu'ils effraient
la sécurité des locataires, dont la majeure
partie déserte leur location à la Saint-Jean
prochaine; et que déjà ils l'auraient déser-
tée, sans les précautions qu'elle a prises
de faire étayer les planchers par des
étampes; qu'à l'appui de ces allégations,
la dame Laurent produit un procès-verbal
de vérification des lieux, faite par un architecte commis par le juge de paix, lequel
procès-verbal constate, en effet, l'immi-
nence des dangers articulés par la dame
Laurent; attendu que, sans accorder à ce
procès-verbal une confiance absolue, il est

au moins certain que, si les choses étaient telles qu'il les annonce, il en résulterait bien évidemment que les vices cachés dont il s'agit auraient le second caractère voulu par la loi, c'est-à-dire de rendre la maison impropre à la location, ou, ce qui est la même chose, à l'usage auquel elle est destinée, et que, par suite, il est hors de doute que, si la dame Laurent eût connu un pareil état de choses, elle n'aurait pas acquis la maison, ou du moins elle ne l'aurait point acquise au prix porté dans son contrat.

Sur l'appel du sieur Belin, la cour adopta les motifs des premiers juges (1).

Au mois d'avril 1812, le sieur Perregaux achète du s.ʳ Varisco, moyennant 16000 f., quatre tableaux, savoir : deux paysages

---

(1) *V*. J. P., t. 2, 1825, p. 74. --- S., 24, 2, 365. --- Si la maison tombait en ruine, si les planchers étaient pourris, le vice serait patent. (*Pothier*, n.° 208, *Domat. liv.*, tit. 2, sect. 11, n.° 11.) Il ne faut donc pas confondre cette espèce avec celle de l'arrêt ci-dessus rapporté (*Duvergier* n.° 391, note 2).

de Claude Lorrain, une sainte-famille d'André del Sarto, et une marine de Vernet. Il est à remaquer qu'avant d'avoir consommé le marché, l'acheteur était allé plusieurs fois chez Varisco pour visiter ces tableaux, et qu'il s'était fait accompagner d'artistes, d'amateurs, qui les examinèrent et donnèrent leur avis.

Quoi qu'il en soit, les tableaux sont livrés et transportés chez le sieur Perregaux, qui paie 10,000 fr. comptant, et le surplus en un bon à courte échéance.

La quittance des 10,000 fr. était ainsi conçue :

« J'ai reçu de M. P.... la somme de 10,000 fr. à compte sur 16,000 fr. qu'il me doit pour lui avoir vendu quatre tableaux, dont deux de Claude Lorrain, un d'André del Sarto, et un de Vernet. — Paris, ce 9 avril 1812. »

Ultérieurement, et le 27 du mois d'avril, le sieur Perregaux demande la nullité de cette vente, attendu que les tableaux ne sont pas des auteurs indiqués dans la quittance de Varisco, et subsidiairement, il provoque une nomination d'experts, à l'effet de vérifier et de déclarer si, en effet, les trois premiers sont de Claude Lorrain et d'André del Sarto.

Varisco soutient le sieur Perregaux non recevable dans sa demande, et conclut à ce qu'il soit condamné à lui payer les 6,000 fr. qu'il lui redevait sur le prix convenu.

Le 7 juillet 1812, jugement du tribunal civil de la Seine, qui donne acte au défendeur de ce que les tableaux en question ont été vus et visités à deux époques différentes par le sieur Constantin, marchand de tableaux, que le demandeur avait commis à cet effet; et néanmoins, avant faire droit, ordonne que les tableaux seront vus et visités par des experts, aux fins de déclarer si les deux premiers sont de la composition de Claude Lorrain, et si le troisième appartient à André del Sarto.

Comme ce jugement semblait préjuger la nullité de la vente, au cas que la déclaration des experts ne fût pas favorable à Varisco, celui-ci a interjeté appel, et a soutenu qu'il n'y avait pas lieu à l'expertise, parce que le sieur Perregaux avait, de son propre aveu, vu, examiné, fait examiner par des connaisseurs, les tableaux en question avant de les acheter; que c'est d'après cet examen qu'il s'est décidé; qu'il avait pris livraison des tableaux, qu'il les avait payés en partie; que tout était consommé entr'eux, et que l'intimé avait d'autant plus mauvaise grace à provoquer la résiliation du marché, que lui, Varisco, ne s'était exprimé dans sa quittance, sur le nom des auteurs, que d'une manière conjecturale, et sans rien garantir à cet égard.

***

Du 17 juin 1813, arrêt de la cou
d'appel de Paris, par lequel :

« La cour faisant droit d'appel interjeté
par Varisco, du jugement rendu au tri
bunal civil de Paris, le 7 juillet 1812; —
attendu que les tableaux qui font l'obje
du procès n'ont été vendus et livré
qu'après différentes visites dans lesquelle
l'intimé les a vus et fait voir par gens à c
connaissans; qu'après la livraison, anté
rieurement au paiement, il les a eus e
sa possession pendant plusieurs jours
pendant lesquels il a pu les examiner e
les faire examiner tout à son aise; qu'il e
a ensuite payé le prix en totalité, savoir
la majeure partie en espèces, le surplus e
un bon à courte échéance; et que, lorsqu
un marché est ainsi consommé des deu
parts et avec une telle maturité, il n
peut pas être permis à l'un des contractan
sous prétexte d'erreur, de revenir contre
sans ébranler la foi de toutes les conver

tions ; qu'il ne s'agit pas d'un vice caché ; que l'appelant, en énonçant ce qu'il pensait sur les noms des auteurs des tableaux, comme il l'a fait dans sa quittance, n'a rien garanti à cet égard, n'a point fait dépendre de cette condition le sort de la vente, et qu'une expertise sur un pareil fait, incertain de sa nature et qui, dans tous les cas, ne peut être que matière à opinion, serait complètement inutile ; — met l'appellation et ce dont est appel au néant. »

En effet, dit M. Troplong (1), en envisageant la question sous le point de vue d'un vice rédhibitoire, qui seul doit nous occuper ici, la qualité plus ou moins précieuse que donnent à un tableau le nom et le talent du maître dont il est l'ouvrage n'est pas une qualité occulte ; les connaisseurs savent reconnaître si le tableau en est investi ; ils distinguent la touche du

---

(1) Vente t. 2, n.º 555.

peintre ; ils ont des données positives
pour classer les diverses écoles ; l'acheteur,
en s'environnant de leurs lumières , a donc
pu se préserver de toute erreur sur le
mérite de la chose (1).

16. La délivrance d'une quantité de marchandises moindre que celle vendue (par
exemple , la délivrance de pièces d'étoffes
qui n'auraient pas le nombre de mètres
indiqué dans la convention), ne constitue
pas aussi un vice caché , dans le sens de
l'article 1641. Si donc l'acquéreur a reçu
les marchandises sans en vérifier la quantité , il ne peut plus recourir contre le
vendeur. Vainement il invoquerait l'usage
où serait le commerce de ne pas vérifier
l'espèce de marchandises dont il s'agit.

---

(1) Le tribunal de commerce de Paris a aussi
décidé la question dans le même sens le 8 juillet
1834. —— Le tribunal civil a jugé de même ; v. *Ga-
zette des Tribunaux* , 20 mars 1840. —— Considéré
sous un autre rapport, il n'y a dans l'espèce qu'une
qualité *accidentelle* qui aurait besoin d'une garantie
expresse ; v. Troplong , vente n.° 15.

Ainsi jugé par la cour royale de Bordeaux, le 25 avril 1828 (1).

17. Mais il y aurait vice rédhibitoire si une poutre était pourrie intérieurement (2), si des tonneaux étaient futés, c'est-à-dire s'il s'y trouvait des douves d'un bois qui donnerait un mauvais goût au vin (3), si du blé était impropre à faire du pain par suite de naufrage, si des amandes étaient gâtées et de mauvaise récolte (4).

18. Quand des graines jetées en terre ne lèvent pas, doit-on présumer que c'est par suite d'un défaut caché attaché aux graines ? Le parlement de Normandie, d'après Basnage (5), a, par plusieurs ar-rêts, déclaré la négative. En effet, si la

(1) S... 28, 2, 258. Il n'y a pas là, en effet, ainsi que le reconnaît cette cour, un vice *inhérent à la substance et à la qualité* de la chose.

(2) Pohier, vente n.º 207.

(3) Pothier, *loc. cit.*

(4) V. Boniface, t. 4., p. 446 et suiv.; M. Troplong, n.º 557.

(5) Sur Normandie, art. 40, p. 104.

semence n'a pas poussé, ce fait peut provenir de toutes autres causes que leur mauvaise qualité : l'intempérie des saisons, la mauvaise nature du sol, une mauvaise culture, enfin une circonstance même ignorée, peuvent en avoir été la cause (1).

19. Si des étoffes neuves, achetées en pièces et sans vérification préalable, se trouvent tarées, c'est-à-dire trouées ou tachées, lors de l'aunage fait chez l'acheteur, pourront-elles être rendues comme affectées d'un vice rédhibitoire ?

La tache et les trous trouvés dans les pièces d'étoffes étaient considérés dans l'ancienne jurisprudence comme vices rédhibitoires (2).

Un arrêt de la cour royale de Rouen (3)

(1) M. Troplong, n.° 558.

(2) V. *Journal des Audiences*, t. 7, arrêt du 18 janvier 1719. — Boniface, t. 4., p. 445. — Pothier, vente n.° 207.

(3) 11 décembre 1806, S... 7, 2, 10 et 885, — J. P., 2.ᵉ édition, t. 7, p. 601.

l'a décidé de même sous la nouvelle jurisprudence, et la plupart des auteurs modernes adoptent cette jurisprudence. En
effet, M. Pardessus (1) s'exprime ainsi à
cet égard : « La vérification que l'acheteur
a pu faire lors de l'achat, quelque gros-
sière qu'ait pu être sa négligence dans
cette vérification, n'empêche pas qu'il ne
soit recevable dans son action..... si le fait
de ne l'avoir pas aperçu n'était que la conséquence de la manière dont il a été caché :
tels seraient des trous, des taches à des
étoffes, que l'acheteur ne vérifie ordinairement que chez lui » (2). Neanmoins,
nous devons reconnaître avec M. Duvergier
(3) que cette opinion est inexacte : il n'y
a pas là de vices rédhibitoires, puisque
rien n'est plus apparent que des trous ou
des taches, et que la moindre attention

---

(1) Droit com., n.º 284.
(2) V. aussi M. Troplong, 557.
(3) N.º 391, *in fine*.

les devrait découvrir. Aussi, pourrait-on
dire, avec la cour royale de Bordeaux (1)
que quand l'acheteur néglige de faire cette
vérification, il doit s'imputer les suites
fâcheuses de sa trop grande confiance
Cependant il est vrai que cette non-véri
fication lors de l'achat est d'un usage gé
néral, et que même il y a, dans la plupart
de ces cas, impossibilité de procéder
une vérification complète ; la célérit
propre aux affaires commerciales le perme
rarement. Il est également d'un usage gé
néral de rendre les pièces reconnues tarée
lors de l'aunage chez l'acheteur ; mais l
véritable raison est qu'il y a alors de la par
du vendeur promesse tacite de livrer
l'acheteur des marchandises bonnes, loya
les et marchandes. L'acheteur ne peut, e
effet, être présumé avoir acheté sans c
engagement tacite de la part du vendeu
Aussi la cour de Rouen, dans l'arrêt ci-de

(1) Dans l'arrêt *suprà cit.* du 25 avril 1838.

sus cité , paraît-elle s'être décidée plutôt par des raisons d'équité que par application de l'article 1642 du Code civil (1).

20. Si nous passons maintenant de cette considération générale sur les vices rédhibitoires à l'énumération de ceux particuliers aux animaux domestiques, nous ferons observer préalablement que le législateur de la loi du 20 mai 1838 , tout en dirigeant son choix par les principes des articles 1641 et 1642, l'a cependant limité aux vices signalés par les anciens usages et comme se présentant le plus fréquemment dans le commerce (2). L'expression de sa volonté est en effet conçue d'une manière limitative , soit à l'égard des animaux reconnus susceptibles de vices rédhibitoires, soit à l'égard des vices mêmes. Et si l'on

___

(1) V. les conclusions du procureur-général ; v. aussi M. Duvergier *loc. cit.* Dans les ventes où cette garantie n'est pas présumée, l'acheteur devra s'imputer la suite de sa négligence.

(2) V. l'exposé des motifs, *suprà cit.*

considère quelle est la nature particulièr
de ces vices, on verra qu'ils affectent tou
le corps de l'animal qui en est atteint , e
qu'aucun d'eux ne constitue ce qu'on pour
rait considérer comme une mauvaise ha
bitude tenant au caractère de l'animal. L:
rétivité et la méchanceté ne sont plus, ei
effet, classées parmi les vices rédhibitoires (1).

⚬ Voyons donc quels sont ces vices :

Loi du 20 *mai* 1838 , *art.* 1.er. « Son
réputés vices rédhibitoires et donneron
seuls ouverture à l'action résultant de l'art
1641 du Code civil , dans les ventes oi
échanges des animaux *ci-dessus dénommés*
sans distinction des localités où les vente:

---

(1) *Undè quidam jumenta pavida et calcitrosa, mor
bosis non esse annumeranda dixerunt , animi enim no.
corporis vitium esse.* (*L.* 4, § 2, *de Ædil. edicto, ff.*
L. 38,. § 8 et 9.) V. la conciliation de ces loi
avec la l. 43, *eod. tit.*, dans Voët, n.° 8, et Nood
t. 2, p. 354, *col.* 1.

et échanges auront eu lieu , les maladies ou défauts (1) ci-après , savoir :

» *Pour le cheval , l'âne et le mulet* , la fluxion périodique des yeux , l'épilepsie ou le mal caduc, la morve , le farcin , les maladies anciennes de poitrine ou vieilles courbatures , l'immobilité , la pousse , le cornage chronique , le tic *sans usure des dents* , les hernies inguinales *intermittentes*, la boiterie *intermittente* pour cause de vieux mal.

» *Pour l'espèce bovine* , la phthisie pulmonaire ou pommelière , l'épilepsie ou mal caduc , les suites de la non-délivrance , le renversement du vagin ou de l'utérus , après le part chez le vendeur.

---

(1) Le législateur n'a pu vouloir reproduire par ces mots, *maladies* ou *défauts*, la même idée que les mots *morbus aut vitium* expriment dans les lois 38 , 53 et 1 , § 6, *de Ædil. edicto , ff.* En effet, le mot *vitium* n'exprimait qu'une mauvaise habitude sans influence sur la santé de l'individu (V. Pothier, *Pand. de Ædil. edicto* , n.° 10 , note 5). Dans notre droit, au contraire , tous les défauts rédhibitoires, même le tic , affectent la santé de l'animal.

» *Pour l'espèce ovine*, la clavelée : cette maladie reconnue chez un seul animal entraîne la rédhibition de tout le troupeau. La rédhibition n'aura lieu que si le troupeau porte la marque du vendeur.

» *Le sang-de-rate :* cette maladie n'entraîne plus la rédhibition du troupeau, qu'autant que, dans le délai de la garantie, la perte constatée s'élèvera au quinzième au moins des animaux achetés ; dans ce dernier cas, la rédhibition n'aura lieu également que si le troupeau porte la marque du vendeur. »

Les tribunaux n'auront donc plus, pour admettre ou rejeter une action en rédhibition à l'égard des animaux, à examiner la gravité, l'incurabilité, la fréquence, l'incubation, les effets du vice allégué ; est-il, oui ou non, compris dans la nomenclature de la loi ? telle est la seule question à résoudre (1).

_____

(1) Paroles du rapporteur à la Chambre des Députés.

21. Le législateur a écarté avec soin tous les vices dont l'acheteur pourrait se convaincre par lui-même ayant son acquisition ou qu'il peut avec facilité faire cesser; ainsi, dans la première catégorie ne figurent ni la *mauvaise denture*, ni la *rétivité*, ni la *méchanceté*, ni l'*amaurose*.

« La *mauvaise denture* est visible, soit à l'inspection de la mâchoire, soit à la maigreur du corps; la *rétivité* et la *méchanceté* peuvent être reconnues dans les essais d'usage qui précèdent le marché. Quant à l'*amaurose*, défaut d'ailleurs très rare, un examen attentif peut la faire apercevoir au moment de la vente.

» La deuxième catégorie ne comprend pas l'*habitude de se téter*, parce que l'acheteur peut, par des procédés simples et faciles, empêcher l'animal de s'y livrer.

» Dans la troisième catégorie, ne se trouvent ni le *piétin*, ni la *gale*, ni la *pourriture*, parce que ces maladies peuvent

être reconnues quand elles sont dévelop
pées , et se guérir lorsqu'elles sont à leu
début (1). »

C'est par la même raison que la *ladrer*
n'a pas été admise comme vice rédhib
toire pour les porcs , que le *tic avec usur*
des dents, que les *hernies inguinales cont*
nues, que la *boiterie continue* pour caus
de vieux mal ne sauraient fonder une ac
tion rédhibitoire. Et, si le vendeur pouva
établir que le défaut intermittent se man
festait au moment même de la vente
l'acheteur ne serait pas recevable dans so
action. D'autres vices n'ont pas été adm
comme rédhibitoires , soit à cause de leu
extrême rareté, par exemple le *tourn*
pour les moutons , qui, d'ailleurs, n'e
peuvent être affectés que depuis l'âge d
6 à 18 mois; soit à raison de l'animal qu
en était affecté : par exemple , *l'épileps*

(1) Paroles du Ministre du commerce devant
Chambre des Députés.

n'est pas un vice rédhibitoire pour le porc,
parce qu'il ne nuit pas à son engraisse-
ment ni à la qualité de la viande.

CHAPITRE III.

SOMMAIRE.

22. *De l'action rédhibitoire et de l'action estimatoire.*

23. *Du choix de l'une des actions.*

24. *Restriction apportée à ce choix par la loi du 20 mai 1838. — Motifs de cette restriction.*

22. De l'existence des vices rédhibitoires naît, en général, une double action, dont l'une a pour but de faire restituer au vendeur le prix en lui rendant la chose ; et l'autre, d'obtenir une diminution sur ce prix en retenant la chose. La première est proprement dite *rédhibitoire* ; la seconde, *estimatoire* ou *quanti minoris*.

23. L'acheteur exerce à son choix l'une ou l'autre action (art. 1644, Code civil); mais une fois son choix fait, il ne pourrait abandonner celle qu'il a choisie pour reprendre l'autre, il serait repoussé par une exception, parce que l'une et l'autre dérivent de la même cause (1).

Le choix de l'action estimatoire est, en règle générale, permis à l'acheteur, parce qu'on a cru qu'il était conforme à l'équité de lui laisser la faculté de retenir la chose. C'est cette idée que Pomponius exprime par ces mots : *Audiendus est is qui de vitio vel morbo servi querens, retinere eum velit* (2). Et comme il est probable que, s'il avait connu le vice dont la chose est affectée, il l'aurait achetée un moindre prix, il ne faut pas que le dol du vendeur lui ôte cet avantage. Il pourra donc en

(1) V. 1. 25, § 1, *de excep. rei jud. ff.*
(2) L. 48, § 1, *d. tit.*

faire arbitrer le prix par des experts (art.
1644).

Cette action peut même être exercée
plusieurs fois : par exemple, si l'on dé-
couvre un nouveau vice qui prive l'acheteur d'une utilité sur laquelle il pouvait
encore compter. Il ne doit pas chercher,
néanmoins, un bénéfice par de pareils
moyens, mais seulement une indemnité
aux dommages qu'il souffre réellement ;
le vendeur ne pourrait donc alors être
condamné, dans ces diverses fois, à restituer à l'acheteur une somme plus forte
que celle qu'il a reçue de lui pour prix
d'achat (1).

Si plusieurs choses ont été vendues ensemble et pour un seul et même prix, et
que quelques-unes seulement soient affectées d'un vice rédhibitoire, il devra
être fait une ventilation entre les diverses

(1) V. Nood, loc. cit. p. 359, col. 2, in fine.

choses pour fixer la valeur de celles qui sont affectées (1).

24. Cependant, s'il est vrai de dire que l'action estimatoire soit encore recevable, en général, à l'égard des diverses choses atteintes de vices rédhibitoires, il ne l'est pas moins de reconnaître que les circonstances où elle pouvait naître ont été beaucoup restreintes, lorsque le législateur de la loi du 20 mai 1838 l'a interdite, par son article 2, en matière de commerce d'animaux.

Voici comment le rapporteur de la commission de la Chambre des Députés, M. Lherbette, a motivé cette interdiction (2) :

« L'action estimatoire ou en diminution de prix, juste dans les marchés de choses inanimées, ne l'est pas dans ceux

---

(1) V. *infrà* quels sont les dommages que l'acheteur peut, suivant les circonstances, demander ; dans quel délai l'action estimatoire doit être intentée.

(2) V. le Recueil de Duvergier, 1838, p. 532, note 6.

d'animaux. Le vendeur a pu connaître
plus facilement les vices des premières, et
plus de droits, dès lors, doivent être con-
cédés contre lui à l'acquéreur : l'estimation de ces choses qui ont un prix marchand est aussi plus facile ; en outre, la
conservation n'a donné lieu qu'à peu de
frais entre les mains de l'acquéreur, et
ne donnera dès lors ouverture qu'à une
faible répétition ; la reprise n'en est pas
non plus une cause de dépense pour le
vendeur. Mais, à l'égard des animaux, les
vices, souvent difficiles à connaître, ont pu
être ignorés du vendeur, le prix est parfois
idéal, la conservation toujours onéreuse,
la répétition de frais considérable, la reprise de l'animal embarrassante et coûteuse.
Les premières raisons rendent l'action rédhibitoire moins équitable, les dernières
font que le vendeur peut être amené plus
facilement à composition par un acheteur
de mauvaise fois, et forcé de laisser pour

un prix inférieur l'animal dont il peut faire cas pour des qualités qu'on n'appréciera pas dans l'estimation. Cette action serait souvent plus funeste au vendeur que l'action rédhibitoire elle-même. Votre commission a donc cru devoir la supprimer en matière de vente d'animaux. »

L'action rédhibitoire, obligatoire en matière de vente d'animaux, et facultative à l'égard des autres choses, sera donc exercée bien plus fréquemment que l'action estimatoire. Voyons quels sont alors ses conditions, ses effets, et les exceptions qui peuvent lui être opposées.

CHAPITRE IV.

DES CONDITIONS DE L'ACTION RÉDHIBITOIRE

SOMMAIRE.

33. *Comment le vice rédhibitoire est constaté lorsque l'animal, mort de maladie
contagieuse, a dû être enfoui avant la
constatation. - Réfutation d'une erreur du
rapporteur à la Chambre des Députés.*

25. 1.° L'identité de la chose vendue
doit être préalablement constatée, et les
moyens pour y parvenir sont divers ; mais
à l'égard des moutons, l'art. 1.ᵉʳ, § 3, de
la loi du 20 mai 1838 reconnaît l'identité
à un signe précis, à la marque du vendeur.
Si ce signe n'existe pas, la rédhibition n'aura pas lieu. Lors de l'acquisition, les acheteurs doivent donc bien faire attention si
cette marque a été apposée, et s'il s'élève
quelque doute dans leur esprit sur l'origine même de la marque, ils devront la
faire apposer en leur présence.

26. 2.° Il faut que le vice dont la chose
est atteinte ait pris naissance chez le vendeur. En effet, depuis la vente, la chose
étant aux périls et risques de l'acheteur,

si la chose vient à se détériorer par une cause quelconque postérieure à cette époque , lui seul devra en supporter les dommages.

L'acheteur , pour être recevable dans son action , devra-t-il prouver que l'origine du vice est antérieure à la vente ?

C'est une règle générale que celui qui veut faire recevoir sa demande doit préalablement l'établir (1). Suivant ce principe, ce serait donc à l'acheteur à prouver que le vice rédhibitoire dont la chose est affectée existait déjà au moment de la vente.

La législation romaine n'a pas cru devoir , dans cette circonstance , déroger à ce principe général ; c'est un point qui paraît constant : « *Qui agit œdilitiis actionibus*, dit Cujas (2), *ei incumbit probatio prioris vitii* » (3).

_____

(1) *L. 4* , *ff. de probat.*

(2) Comment. sur le titre du Code *de Ædil. act.*

(3) V. la loi dernière de ce titre , où le mot

Cependant, les négociations commerciales s'étant multipliées, on a cru devoir leur offrir plus de garantie en fixant généralement un délai bref pendant lequel l'action rédhibitoire pourrait être intentée. Alors les commentateurs ont commencé à dire que quand le vice se manifestait peu de temps après la vente, il y avait présomption qu'il existait déjà antérieurement (1). Perez (2) reconnaît formellement cette présomption, non seulement lorsque le vice se manifeste immédiatement après la vente (*incontinenti*), mais même après un court délai; s'en rapportant à l'appréciation du juge si le temps écoulé depuis la vente devait être regardé comme court d'après la nature du vice et des circonstances

---

exhibere doit être pris pour *probare* ; — le commentaire de Cujas sur le § *cum probatio, lib.* 2, *tit.* 17, *sentent. Pauli.* — Sur la loi 54 *de Ædil. edict., lib.* 4, *resp. Papin.* — Nood., *d. tit. p.* 354, *col.* 2.

(1) V. Brunnemann et les auteurs qu'il cite sur la loi 1, *de Ædil edict. ff.*, n.° 12.

(2) *C. de Ædil. act.*

**

et par conséquent si la présomption sub
siste toujours (1).

Cette maxime, reçue dans notre ancienn
jurisprudence, (2) a été adoptée implicite
ment par les rédacteurs du Code lorsqu'i
ont prescrit que toute action rédhibitoir
serait intentée dans un *bref délai* (3), (
qu'ils ont dit que si la chose *qui avait d*
vices périssait par suite de sa mauvaise qu
lité, le vendeur supporterait la perte (4)
Mais aujourd'hui, dans les occasions l
plus fréquentes, c'est-à-dire en matière d
vente d'animaux, tout doute doit cesser
En effet, si le législateur n'a pas étab
formellement cette présomption, sa per
sée à cet égard ne ressort pas moins cla
rement du texte de l'art. 7 de la loi du 2

(1) V. aussi Voët *d. tit.* n.° 8. C'est ainsi qu
doivent être compris ces mots de Pérez : *Quod aute*
sit breve tempus, relinquetur arbitrio judicantis.

(2) V. les autorités citées par M. Troplong, n.° 56

(3) Art. 1648, C. civ.

(4) Art. 1647, C. civ.

mai 1838 : par cet article, il veut que si, pendant le délai fixé par la loi, l'animal vient à périr, le vendeur ne soit pas tenu de la garantie, *à moins que l'acheteur ne prouve que la perte de l'animal provient de l'une des maladies spécifiées dans l'art. 1.*[er] La première partie de cet article est une conséquence du principe général qui rejette la perte sur l'acheteur, soit qu'elle provienne de son fait ou de sa faute, soit qu'elle provienne d'un cas fortuit ; mais la seconde partie apporte une exception à cette règle lorsque la perte provient d'un vice rédhibitoire, car alors le vendeur en supportera, en général, les dommages. Et comment pourrait-il en être chargé s'il n'y avait présomption légale que le vice a pris naissance chez lui ? Pour profiter de cette présomption, l'acheteur n'a qu'à établir que la perte arrivée dans le délai fixé a pour cause l'une des maladies réputées rédhibitoires.

27. Les conventions des parties peuvent étendre la garantie du vendeur, soit aux vices qui ont pris naissance chez l'acheteur, soit à des vices non qualifiés rédhibitoires.

Si le vendeur a affirmé que la chose vendue n'était atteinte d'aucun vice rédhibitoire, et qu'il l'ait même garantie pendant un certain temps, il devra s'imputer sa témérité si, pendant le délai fixé, un vice rédhibitoire quelconque ou celui spécifié vient à se manifester (1), et quelque long que soit le délai et l'époque où le vice s'est manifesté, il n'y aura pas lieu de s'inquiéter si la cause remonte au moment de la vente.

La garantie peut s'étendre à des vices même non rédhibitoires, et elle s'induit quelquefois de certaines expressions dont

---

(1) *Si venditor non rem vitiosam in posterum fieri temerè promisit, quia voluit periculum futuri casûs in se suscipere, id suæ temeritati imputare debet venditor.* L. 1, § *sed si venditor*, *ff. de peric. et commod.* ---- Perez, C. *de Ædil. act.*, n.° 4.

se sont servies les parties : par exemple,
si le vendeur a promis que l'animal était
sain et net, il sera tenu de tout vice (1) ;
il en sera de même à l'égard d'une marchandise quelconque s'il a promis qu'elle
était *bonne, loyale* et *marchande*. Dans ces
divers cas il y a garantie de fait (2), et le
vendeur en est tenu lors même que l'acheteur aurait pu les connaître (3).

28. La garantie des qualités est aussi
une garantie de fait : l'obligation que le
vendeur contracte alors étant en dehors du
droit commun, la clause qui la contient
doit non seulement être expresse, mais
encore elle doit manifester clairement l'intention de s'obliger. En dehors de ces con-

---

(1) Loisel, vente, liv. 3, n.° 17 ; Coutume de
Sens, § 260 : *qui jumenta vendidit, solet ità promit-
tere, esse, bibere, ut oportet.* L. 11, § 4, *de act.
empti ff.* Dans l'espèce de cette loi, l'obligation du
vendeur ne s'étendait qu'aux vices latens : v.
Cujas, Favre : *rationalia.*

(2) V. Loyseau, Garantie des Rentes, chap. 2,
n.°ˢ 13, 2 et 9.

(3) V. M. Troplong, n.° 569.

ditions la chose est censée avoir été vendue telle qu'elle est, et la garantie de droit
inhérente au contrat ne s'étend qu'aux
vices réunissant les caractères rédhibitoires
(1). Il faut donc se garder d'une trop grande
facilité à admettre une garantie de fait,
surtout lorsqu'elle a pour objet une qualité que le vendeur prétendait appartenir à
la chose vendue. Car, *tant vaut la chose
qu'elle se peut vendre* (2); le vendeur prône
toujours les qualités de sa marchandise,
afin de la vendre au plus haut prix, et en
cela il n'y a pas de culpabilité (3) de sa
part, car l'acheteur a réciproquement la
facilité et l'habitude de la déprécier : c'est
ainsi que doit s'interpréter le mot *circum-*

---

(1) V. Loyseau, *loc. cit.*, n.° 7. — *L. alienatione,
ff. de contrah. empt.*

(2) Loisel, *loc. cit., reg.* 5.

(3) Surtout si l'acheteur pouvait vérifier l'exac-
titude des paroles du vendeur. *Ubi judicium emptoris est, ibi fraus venditoris quæ potest esse?* dit Ci-
céron, *lib.* 3, *de Officiis, cap.* 33. Ainsi, celui qui
veut faire passer pour bien faite une chose qui ne
l'est pas, ne saurait être accusé de dol.

venire de la loi 16, § 4, *ff de minoribus,* et de la loi 1, § 2, *de dolo malo* (1). Les paroles que le vendeur a prononcées peuvent fort bien n'être que de pures jactances et avoir été destinées à recommander sa marchandise plutôt qu'à étendre ses obligations. Cependant le droit cesse où l'abus commence; il ne faut pas que les moyens employés pour obtenir le consentement de l'acheteur dégénèrent en manœuvres frauduleuses, car alors le vendeur serait passible d'une action *de dolo malo* (2). Ne s'élèverait-il aucun doute sur l'intention qu'a eue le vendeur de s'obliger (3), qu'il ne faudrait pas apporter trop de sévérité dans

---

(1) V. Dantoine, du *Droit-Canon*, règle 82, p. 450.

(2) V. Voët, *de Ædil ediclo*, n.° 3, *in fine.*

(3) *Dicta aut promissa ut præstentur, non ut jactentur.... nimirùm quia hoc ipso pluris vendidit.* Nood, *loc. cit.*, p. 357.

son interprétation (1), à moins qu'il ne se soit engagé à livrer une chose de première qualité (2).

29. 3.° L'action doit être intentée dans le délai fixé par l'usage ou par la loi :

En matière de vente de choses autres que des animaux, c'est encore dans l'usage local qu'on doit chercher dans quel délai l'action doit être intentée. C'est ainsi qu'en Bretagne (art. 282) l'acheteur avait six mois pour toutes choses autres que les chevaux. Dans le ressort du parlement d'Aix, le même délai était accordé pour vente d'immeubles ou de marchandises, telles que toiles batistes (3). La cour de Lyon a appliqué le même délai dans une

---

(1) *Dictum promissumve non amarè exigendum est.* L. 19, § 5 et 18, § *hæc omnia*, *de Ædil edicto.* — V. les divers exemples cités par Voët à l'occasion de la vente d'un esclave, n.° 3.

(2) L. 79, § 2, *ff. de verb. oblig.*, et 18, § 1, *de Æd. edicto.*

(3) V. Boniface, t. 4, p. 445 et 446.

vente d'immeubles (1). Il est vrai que fréquemment on ne trouvera aucune réponse dans l'usage, attendu que les anciennes coutumes s'étaient attachées plus particulièrement à fixer les délais en matière de vente d'animaux. Mais alors, si l'usage ne donne pas une réponse satisfaisante, la décision doit en être remise à la prudence du juge, qui n'oubliera pas que l'article 1648 veut que l'action ait été intentée dans un *bref délai*; la nature des vices et de la chose qui en est affectée devra être prise en considération. La question que l'on a agitée pour savoir si c'était du jour de la vente ou du jour de

---

(1) V. l'arr. du 5 août 1824. — V. aussi Basnage, sur *Normandie*, art. 1.er, col. 2, sur la vente de graine de lin. — Pothier, vente n.º 232, sur les tonneaux futés, pour l'Orléanais. Le tribunal de commerce de Paris a jugé, le 19 août 1834, que l'action rédhibitoire contre une vente de papier d'impression qui se brisait sous la presse était tardivement formée six semaines après la livraison. Cette décision est mentionnée au n.º 404 du t. 1.er de M. Duvergier.

la livraison que devait partir le délai, ne
se présentera pas en pareille circonstance
et les juges pourraient, sans violation d'aucune loi, imputer à l'acheteur le temps
antérieur à la livraison (1). Cependant s'i
y a fixation du jour pour prendre livraison, les juges ne devraient lui impute
que le temps écoulé depuis ce jour. L'équit
semble nous dire que nous ne devons pas re
garder comme temps *utile* celui antérieu
à la livraison ; que nous ne devons lu
compter que celui où la possession de l
chose lui permettait d'en vérifier les défaut
(2). Nous n'irons cependant pas jusqu'
dire avec la cour royale de Lyon (3) qu
le délai ne doit courir que du jour où l
vice est connu (4), car nous croyons qu

---

(1) C'était même l'opinion de la plupart de
commentateurs du droit romain. V. Voët, n.° 6

(2) Par argument de l'art. 3 de la loi du 2
mai 1838.

(3) V. l'arrêt ci-dessus cité du 5 août 1824.

(4) V. *L.* 55 *de Ædil. edict.*, et le commen
de Cujas, *lib.* 12, *resp. Papin.*

cette décision est contraire à l'esprit de notre législation, qui, en prescrivant un bref délai pour intenter l'action rédhibitoire, ne veut pas évidemment qu'il règne une longue incertitude sur la solidité des engagemens. Comment le vendeur pourrait-il établir que l'acheteur a eu connaissance du vice depuis tel temps? N'est-ce pas donner à l'acheteur un moyen de fraude? En prétextant ignorance, ne pourrait-il pas, dans un temps plus ou moins éloigné de la vente, arguer d'un vice qui aurait pris naissance depuis? Aussi, les anciens commentateurs, considérant généralement l'action rédhibitoire comme peu favorable, suivaient-ils l'opinion d'Ulpien(1) qui faisait partir le délai du jour de la vente. La briéveté du délai généralement adopté, et même la présomption qui avait été établie

_____

(1) *L.* 19, § *ult.*, *de Ædil. edict.*

en conséquence, nous fournirait également-ment un argument (1).

30. En matière de vente d'animaux, le *délai pour intenter l'action rédhibitoire est, non compris le jour fixé pour la livraison,* de trente jours pour le cas de fluxion périodique des yeux et d'épilepsie ou mal caduc ; de neuf jours pour tous les autres cas (art. 3 de la loi du 20 mai 1838).

Le législateur, comme on le voit, n'a accordé qu'un délai de neuf jours pour tous les vices rédhibitoires en général ; deux seulement, en vertu de leur nature particulière, ont obtenu un délai de trente jours.

La brièveté du délai fixé, reproduite des anciens usages, a sa raison dans l'intérêt des négociations commerciales ; et, afin de hâter la décision judiciaire qui aurait été provoquée, la demande est dispensée

(1) V. M. Troplong, n.º 587 ; — M. Duvergier, t. 1.er, p. 504.

du préliminaire de conciliation, lors même que d'après sa nature elle aurait dû y être soumise ; l'affaire est instruite et jugée comme matière sommaire (art. 6).

Cependant on a cru devoir augmenter le délai , quand la livraison se faisait dans un lieu plus ou moins éloigné du domicile du vendeur, ou que l'animal avait été conduit plus ou moins loin par l'acheteur. Il fallait, en effet, lui laisser le temps nécessaire pour se transporter au domicile du vendeur, afin de le faire assigner dans le délai qui lui était donné par l'art. 3 ; aussi l'art. 4 lui accorde-t-il un jour par 5 myriamètres de distance du domicile du vendeur au lieu où l'animal se trouve.

Mais , dans *tous les cas* , c'est-à-dire que la livraison ait été faite au domicile du vendeur , qu'elle ait été faite ailleurs , ou que l'acheteur ait conduit l'animal dans un lieu plus ou moins éloigné , l'état de l'animal devra être constaté aussitôt que le vice se manifestera. A cet effet, l'acheteur est tenu de provoquer, dans les délais de la garantie, c'est-à-dire dans les délais prescrits par l'art. 3, à peine d'être non recevable, la nomination d'experts chargés de dresser procès-verbal (1). Requête doit être présentée au *juge de paix* du *lieu où se trouve l'animal*. Ce juge nomme immédiatement, suivant l'exigence du cas, un ou trois experts qui devront opérer dans le plus bref délai (même article).

L'acheteur ne doit donc pas oublier que, dans les délais prescrits par l'art. 3, il doit *cumulativement provoquer* la nomination d'experts (art. 5), et *intenter l'action rédhibitoire* (art. 3).

La question que l'on agitait autrefois pour savoir s'il suffisait que l'état de l'animal fût seulement constaté dans les

(1) Art. 5. V. les paroles du Ministre des travaux publics, Recueil de Duvergier, p. 334, note 2.

délais, sans être astreint à intenter l'action dans le même temps, a été tranchée par la nouvelle loi. Cependant la cour royale de Paris (1) veut perpétuer sous l'empire de la nouvelle loi cette distinction reçue autrefois dans certaines localités (2) ; mais un arrêt sans motifs ne peut être une autorité : *intenter une action*, c'est évidemment soumettre la *décision* d'une contestation à un tribunal quelconque (3) ; *intenter une action*, c'est évidemment poursuivre devant les tribunaux l'individu que nous croyons obligé envers nous. Et quel est le premier acte de poursuite propre à faire connaître la demande et à saisir le tribunal ? N'est-ce pas l'exploit qui lui a été signifié ? (4). La présentation de la requête

---

(1) Arr. du 22 février 1839, J. pal., t. 1, 297.

(2) V. M. Duvergier, t. 1.{er}, n.º 406, note.

(3) V. la signification du mot *intenter* dans les art. 50, § 3 ; et 59, § 5, C. proc. civ.

(4) V. le Recueil de M. Duvergier, p. 333, note 1.{re} ; Cass., 18 et 19 mars 1833.

au juge de paix, afin de nomination d'experts, est destinée seulement à parvenir à la constatation de l'état de l'animal et à éclairer l'acheteur sur le bien ou mal fondé de l'action qu'il a formée ou qu'il veut former.

31. Les délais de la garantie prescrits par l'art. 3, en matière de vices rédhibitoires, doivent-ils être appliqués à la garantie de vices non rédhibitoires? En d'autres termes, la prescription applicable aux vices rédhibitoires, l'est-elle aux vices conventionnels? Deux arrêts du parlement de Pau, l'un du 15 janvier 1727, et l'autre du 13 janvier 1753, paraissent avoir décidé la négative (1).

M. Troplong (2) trouve l'affirmative mieux fondée, et il cite quelques coutumes et un texte de Loisel, qui l'avaient décidé formellement ainsi. Mais les disposi-

(1) V. Répert. de jurisp., vices rédhibitoires.
(2) Vente, n.º 590.

tions spéciales de certaines coutumes peuvent-elles encore nous fournir aujourd'hui, par analogie, un motif de solution générale ? nous ne le croyons pas. M. Duvergier, sous l'empire du Code civil, avait déjà rejeté cette autorité.

Et cependant, l'on pouvait dire que le Code civil, en renvoyant à l'empire de ces coutumes pour les vices rédhibitoires, semblait les adopter dans toute leur étendue. Le législateur de la loi du 20 mai 1838 a voulu, sur ce point, s'en rapporter à la prudence du juge (1) ; or, le juge ne saurait décider par analogie quand les circonstances sont différentes.

L'art. 3 de cette loi règle seulement la durée de la prescription, en matière de vices rédhibitoires, sur la nature de

_____

(1) Nous laissons de côté, a dit le rapporteur à la Chambre des Députés, les questions d'interprétation des conventions; par exemple, si les délais spéciaux de la loi sur les cas rédhibitoires de plein droit s'appliquent aux cas qui ont été l'objet d'une garantie conventionnelle.

chacun ; et vouloir appliquer la même prescription à des vices non rédhibitoires, c'est supposer que le même temps est nécessaire pour leur manifestation. Cependant ce serait s'exposer à des chances d'erreurs que d'accorder un long délai ; car nous ne devons pas oublier qu'une condition , alors nécessaire, de cette garantie, c'est que le vice ait pris naissance antérieurement à la vente. Les parties , dans leurs conventions , ont l'habitude d'éviter cette difficulté en précisant le délai.

32. Les experts doivent prêter serment entre les mains du juge de paix et lui remettre leur rapport , dont la minute, cependant, sera remise à la partie qui l'a requise, sans avoir besoin d'être déposée au greffe (1). La notification du procès-verbal d'expertise aura lieu en même temps que l'assignation sera donnée devant

(1) Ces divers points résultent de la discussion devant les Chambres.

le tribunal, à moins que, pour éviter la déchéance , l'exploit d'assignation n'ait dû être donné avant que le procès-verbal d'expertise fût confectionné : en ce cas, la notification serait faite postérieurement.

33. Il peut arriver que l'animal, mort d'une maladie contagieuse réputée rédhibitoire, ait dû, d'après les réglemens de police, être enfoui avant que l'on ait eu le temps de faire constater son état par des experts. L'acheteur aura alors le droit d'établir, *par tous moyens*, que l'animal est mort d'un vice rédhibitoire. Cette latitude de preuves a dû lui être accordée, parce qu'il ne pouvait se dispenser de l'exécution des réglemens de police, sans s'exposer aux poursuites du ministère public (1).

M. le rapporteur, dans cette discussion, a commis une inexactitude que M. Duver-

(1) V. les paroles du Ministre du commerce et du rapporteur. — Recueil de Duvergier, p. 334; note 2, *in fine*, et note 3, p. 335.

gier (1) a relevée ainsi : « M. le rapporteu
a dit que si l'animal vient à périr d'ur
maladie contagieuse qui ne constitue pa
un vice rédhibitoire, l'acheteur ne pourr
pas demander la résolution de la vente
mais qu'il pourra, selon·les circonstance
avoir une action en dommages-intérêt:
si, par exemple, le contact de l'animal
occasionné la perte d'autres animaux av
lesquels il s'est trouvé.

» Il me semble bien extraordinaire qu
l'acheteur ait l'action en dommages-intéré
et qu'en même temps il n'ait pas l'actio
en résolution.

» L'action en dommages-intérêts su
pose qu'au moment de la vente l'anim
était atteint de la maladie dont il est mor
or, cela autorise l'acheteur à demander
résolution du contrat.

» Dira-t-on que la loi établit une pr
somption *juris et de jure* que les maladi

(1) *Loc. cit.*, p. 336.

autres que celles qu'elle qualifie *vices ré-dhibitoires* sont survenues après la vente , dès que l'acheteur n'en a pas reconnu l'existence au moment du contrat. S'il en est ainsi, il est impossible que l'acheteur ait une action en dommages-intérêts ; car le vendeur ne peut être responsable d'une maladie survenue depuis qu'il a cessé d'être propriétaire.

» En un mot, il faut reconnaître que l'acheteur qui ne peut demander la résolution de la vente , ne peut pas demander des dommages-intérêts , ou admettre que l'acheteur a la faculté de prouver qu'une maladie qui n'est point classée parmi les vices rédhibitoires affectait réellement l'animal qu'il a acheté , au moment de la vente. Or , il me semble que cette faculté accordée à l'acheteur serait entièrement opposée à l'intention de la loi nouvelle , dont le but est de prévenir les discussions,

III

d'empêcher les procès, en déclarant ce q
peut être considéré comme vice rédhib
toire et en repoussant toute réclamati
pour des défauts non compris dans
nomenclature qu'elle établit. »

Cela doit être entendu ainsi lorsque
vendeur a agi de bonne foi ; car s'il-ét:
de mauvaise foi, s'il s'était hâté de vend
un animal qu'il savait affecté d'une mal
die contagieuse, pour en éviter la perte
les inconvéniens, il se rendrait coupal
de dol et serait passible des dommag
intérêts que l'acheteur aurait soufferts p
suite de sa mauvaise foi.

CHAPITRE V.

DES EFFETS DE L'ACTION RÉDHIBITOIRE.

SOMMAIRE.

34. *Restitution du prix avec les intérêts.*

35. *La compensation des intérêts peut-elle être faite avec les fruits ?*

36. *Restitution des frais d'acte, de voiture, etc.*

37. *Dommages-intérêts qui peuvent être réclamés. — Distinction.*

38. *L'ouvrier ou le marchand sont, à cet égard, assimilés au vendeur de mauvaise foi. — Restriction.*

39. *Offres et restitutions que doit faire l'acheteur.*

40. *Difficultés sur le mode de restitution.*

41. *Choses vendues sous une universalité.*

42. *De l'action rédhibitoire, de son indivisibilité et de sa divisibilité.*

34. Le jugement qui prononce la rédhibition doit remettre les choses au même et
semblable état que s'il n'y eût pas eu de
vente (1) ; en conséquence le prix de la
vente dòit être restitué à l'acheteur, avec
les intérêts ; depuis le jour du paiement (2),
maximè, dit Ulpien, *cùm fructus quoque
ipse restituat.*

35. Les juges pourraient-ils faire compensation de ces intérêts avec les fruits
perçus par l'acheteur ? Les principes du
droit romain ne paraissent pas le permettre (3) ; ils sont aussi incontestablement
ceux de notre droit. Mais Loyseau (4) atteste
que depuis long-temps, et contrairement à
la législation romaine (5), la pratique judiciaire a autorisé cette compensation *pour*

(1) L. 60 *de Ædil. edicto, ff.* --- L. 23, § 7, *ff.
de Ædil. edicto.*

(2) L. 29, § 2 *d. tit.*

(3) *D. l.* 29.

(4) Idem, Pothier, n.° 218.

(5) V. Garantie des rentes, chap. 7, n.° 13.

éviter la difficulté de la liquidation. Cependant la cour de cassation (1) semble vouloir revenir aux principes purs du droit romain.

36. L'acheteur a également le droit de se faire restituer les frais d'acte, d'enregistrement, de voiture et autres qui sont une conséquence nécessaire de la vente (2), ceux que la conservation de la chose vendue a exigés. Mais il ne pourrait réclamer les frais de nourriture de l'animal, parce qu'ils sont une charge de celui qui profite de ses services (3).

37. Il peut même, suivant les circonstances, avoir droit à des dommages-intérêts. A cet égard, il faut distinguer si le vendeur avait connaissance des vices, ou s'il les ignorait (4) : s'il connaissait les

(1) Arrêt du 23 juillet 1834. — J. p, t. 3, p. 464.
(2) Article 1646.
(3) L. 30, *d. tit.*
(4) L. 13 *de act. empt.*

vices de la chose, il est tenu, outre l
restitution que nous venons d'indiquer
de tous les dommages et intérêts enver
l'acheteur (5); par exemple, si j'ai vend
un animal que je savais atteint d'une ma
ladie contagieuse; si j'ai vendu une poutr
que je savais pourrie intérieurement, e
que je n'en aie pas averti l'acheteur, j
serai condamné à l'indemniser de tout l
dommage qu'il a ressenti par suite de mo
dol. Je serai condamné à lui payer les an
maux auxquels la contagion aurait ét
communiquée, la valeur de la maison qu
se serait écroulée par suite des vices de l
poutre vendue, quoique ces dommages n
soient pourtant qu'extrinsèques (6).

38. On assimile l'ouvrier qui vend de
objets de son art, ou le marchand qui ven
des objets de son commerce, au vendeu

(5) Article 1645.
(6) *Extrà rem.* V. Cujas, sur la l. 13 *de ac*
empt. ff.

de mauvaise foi , lors même qu'il en aurait ignoré les vices ; la raison en est
que l'ouvrier , par la profession de son
art , *spondet peritiam artis.*

Il se rend , envers tous ceux qui con-
tractent avec lui , responsable de la bonté
de ses ouvrages , pour l'usage auquel ils
sont naturellement destinés. Son impéritie
ou défaut de connaissance dans tout ce qui
concerne son art est une faute qui lui est
imputée , personne ne devant professer
publiquement un art , s'il n'a toutes les
connaissances nécessaires pour le bien
exercer : *imperitia culpæ annumeratur* (7).

Ainsi , un tonnelier m'ayant vendu des

_____

(7) L. 132, *de reg. juris*, *ff*. V. Pothier, vente
n.° 214 ; — Dumoulin, *de eo quod interest*, n.° 5.
— Cependant ce serait exagérer ce principe que
de l'appliquer aux marchands de bestiaux, parce
qu'on ne peut exiger d'eux des connaissances vétérinaires. La science vétérinaire elle-même se
trouve souvent dans l'impuissance de reconnaître
la maladie dans son principe. Il faut donc restreindre
la règle ci-dessus posée aux vices qu'un art exercé
avec intelligence peut constater.

tonneaux confectionnés avec du mauvais bois qui a gâté ou laissé couler mon vin, il devra m'indemniser de toute la perte que je subis.

Cependant, si j'avais employé ces vases à contenir une liqueur plus précieuse que le vin, le tonnelier ne devra m'indemniser que jusqu'à concurrence de la valeur du vin, parce qu'il a dû croire que je les emploierais selon leur destination ordinaire (1).

39. L'acheteur, de son côté, doit offrir au vendeur, pour être recevable dans son action, non seulement la chose et ses accessoires, mais encore les fruits qu'elle a produits, ceux qu'il aurait négligé de percevoir (2), et même les accroissemens qu'elle a reçus (3).

---

(1) V. ces diverses distinctions, également applicables à d'autres matières, dans Dumoulin, *de eo quod interest*, n.ᵒˢ 60 et 61, reproduites par Pothier, n.ᵒ 215, et par M. Troplong, n.ᵒ 574.

(2) *Præstat suam cuique culpam nocere, quàm alteri.* V. Nood, *loc. cit.*, p. 358, col. 2.

(3) V. Voët, n.ᵒ 4, *d. tit.*, *l.* 23, *de Ædil. edic.*

40. Il se présente quelquefois des difficultés dans le mode de restitution , quand
plusieurs choses ont fait l'objet d'un seul
et même marché, et que quelques-unes seulement sont atteintes d'un vice rédhibitoire.
Pour savoir si l'acheteur a le droit de faire
subir au vendeur la restitution de la totalité , on n'a qu'à vérifier s'il les a considérées comme un seul et même tout indivisible , et s'il aurait refusé d'en faire
l'acquisition en l'absence des autres (1) :
alors il a le droit de les restituer en totalité. On cite comme exemple de cette indivisibilité , l'achat de deux chevaux d'équi-
page (*jumenta paria* , L. 39 , *d. t.*), même
un quadrige , une paire de bœufs (2) : alors
il importe peu que les choses aient été
achetées pour un seul et même prix, ou
qu'il ait été établi un prix particulier pour
chacune.

---

(1) V. l. 34, § 1, *de Ædil. edict.*

(2) *De l.* , 34, — Pothier, n.º 228. — V. Paris,
22 février 1839. — J. p., 1 , 297.

Mais quand les choses sont indépendantes les unes des autres, auraient-elles été achetées ensemble et pour un même prix, le vice dont quelques-unes d'entre elles seraient atteintes n'entraînerait pas la rédhibition des autres. *Nam et si polia* (un haras) *vænierit, dicemus unum equum, qui vitiosus est, non omnem poliam redhiberi oportere* (1). *Si plura jumenta vænierint, non omnia erunt redhibenda propter unius ornamentum. Nam etsi vitiosum sit unum jugum, non tamen propter hoc cætera juga redhibebuntur* (2).

41. L'objet de la vente peut consister dans une universalité : alors on peut dire qu'en règle générale l'universalité subsiste malgré la perte de quelques individus, et que l'acheteur n'a pas même le droit de réclamer la valeur des individus perdus. Cependant il est vrai de dire qu'en ma-

---

(1) L. 38, § *fiu.*

(2) *D. l.*, § 12. — V. Voët, n.° 4.

tière de vente surtout, le montant du prix, même fixé en bloc, est ordinairement déterminé d'après le nombre des individus, et que l'acheteur doit en conséquence être indemnisé de ceux qui ont péri. L'exemple de l'achat *(uno pretio)* d'un haras que nous venons de citer vient à l'appui de cette opinion. L'art. 1.er, § 3, de la loi du 20 mai 1838 a prévu quelques cas de ce genre. La *clavelée*, reconnue chez un seul animal, entraînera la rédhibition de tout le troupeau ; *le sang-de-rate* n'entraînera la rédhibition qu'autant que, dans le délai de la garantie, la perte constatée s'élèvera au quinzième au moins des animaux achetés. Le motif pour lequel la rédhibition de la totalité est accordée, vient de ce qu'il y a alors lieu de craindre que tout le troupeau ne soit successivement atteint. Ce sont là des dispositions expresses dont on ne pourrait faire l'application aux troupeaux. d'une autre espèce. Mais si les moutons atteints du *sang-de-rate* ne s'élevaient pas au quinzième du troupeau, l'acheteur aurait-il néanmoins le droit de s'en faire indemniser ? En règle générale on doit décider pour l'affirmative, parce que, ainsi que nous venons de le dire, le prix est présumé fixé sur le nombre des têtes. Mais s'il résultait clairement de la convention qu'il y a eu vente d'une universalité, c'est-à-dire d'un troupeau, sans appréciation fixe du nombre, la rédhibition ne devrait avoir lieu que lorsque la diminution aurait atteint la proportion fixée par l'art. 1.er, § 3 (1).

42. Il est utile de faire remarquer que l'action rédhibitoire est indivisible de la part de l'acheteur. Ainsi, lorsqu'il laisse

(1) C'est ainsi que nous croyons que l'on doit entendre la réponse du commissaire du roi sur cette question. — Recueil de Duvergier, p. 332, note 4.

plusieurs héritiers , un seul ne serait pas
recevable à exercer l'action rédhibitoire.
pour sa part ; le concours de tous est nécessaire , afin que le vendeur ne soit pas
obligé de subir les inconvéniens d'une
indivision (1). Il en est de même s'il y a
plusieurs acheteurs d'une même chose (2),
à moins que chacun ait acheté une part
distincte ; dans ce dernier cas , le concours
n'est plus nécessaire , puisque le vendeur,
en consentant à aliéner ainsi, s'est exposé
volontairement à subir une indivision (3).

De la part du vendeur, l'action rédhibitoire est, au contraire, divisible de sa
nature : ainsi, lorsqu'il laisse plusieurs héritiers , chacun peut subir les suites de

(1) L. 31 , § 5 , d. tit. --- L. ult., C. de comm.
divid.

(2) L'action *quantò minoris* est toujours divisible entre les divers acheteurs, bien qu'une seule
et même chose ait été acquise par eux en commun pour un seul et même prix. --- V. Voët, n.º
7. --- L. 31 , § 6.

(3) V. *d. l.*, § 10.

l'action rédhibitoire, et, en cela, chaqu
héritier se trouve seulement dans la mêm
position que s'il n'y eût pas eu de vente
Il en est de même s'il y avait eu plusieur
vendeurs (1).

---

(1) *D. l.*, § 10. — V. Voët, *loc. cit.*; Pothier
Vente, n.ᵒˢ 224 et 225.

CHAPITRE VI.

DES EXCEPTIONS QUI PEUVENT ÊTRE OPPOSÉES A L'ACTION RÉDHIBITOIRE.

SOMMAIRE.

43. *L'action rédhibitoire n'est pas recevable, 1.º dans les ventes faites par autorité de justice;*

44. *2.º Lorsqu'il y a exception en vertu de la convention. — Distinction;*

45. *3.º Lorsque la chose a péri par cas fortuit;*

46. *4.º Lorsque l'animal a communiqué avec des animaux atteints de la même maladie;*

47. *5.º Lorsque l'acheteur a démontré par un acte qu'il y avait renoncé.*

43. Diverses exceptions peuvent être opposées à l'action rédhibitoire. Indépendamment de celles résultant de l'inaccom-

plissement des conditions propres à sa na
ture ,

1.º Elle n'a pas lieu dans les vente
faites par autorité de justice (1). Le
auteurs assignent la cause de cette di
position à divers motifs. Domat (2) (
Ferrière (3) disent que cela est ainsi, par
ce que ce n'est pas le propriétaire qu
vend, mais que c'est l'autorité de la justic
qui tient lieu du vendeur, et qui n'adjug
la chose que telle qu'elle est, et sur l'ex
position qui en est faite publiquement
Il a été ainsi jugé par arrêt rendu a
parlement de Toulouse le 11 septembr
1635 (4). Merlin (5) veut que l'art. 164
ait sa raison en ce que la justice n'es

(1) Art. 1649. — V. pour la véritable intell
gence de la l. 1, § 3 et 4, *de Ædil edict.*, *ff.*, Nooc
t. 2, p. 353, col. 2, *in fine*; Voët, n.º 11.

(2) Vente, section 11, n.º 17.

(3) Vice rédhibitoire.

(4) V. d'Olive, liv. 4, chap. 25.

(5) Répertoire, vice rédhibitoire.

jamais présumée avoir voulu tromper personne. Mais nous préférons la raison que
M. Troplong (1) donne d'après d'Olive :
c'est que, dans ces ventes, la chose est
ordinairement aliénée au-dessous de sa
valeur réelle, et que les frais considérables
qu'elles nécessitent devaient inciter le législateur à en permettre plus difficilement la
résolution (2). Les ventes volontaires, quoique faites par autorité de justice, ne sont
pas comprises dans l'exception de l'art.
1649.

44. 2.° L'action rédhibitoire n'est pas
recevable lorsque le vendeur a stipulé
qu'il ne serait obligé à aucune garantie
(art. 1643); mais une condition nécessaire, c'est qu'il ait agi de bonne foi,
c'est qu'il ait ignoré le vice dont la chose
était atteinte : cette condition ressort clairement du texte de l'art. 1643 , qui n'ac-

(1) Vente , n.° 583.
(2) V. M. Duvergier , n.° 408.

corde au vendeur le bénéfice d'une pareille stipulation que *dans le cas* où il n'a pas connu le vice. Cet article n'a fait d'ailleurs que reproduire la distinction posée par Ulpien (1) : *Si venditor nominatim exceperit de aliquo morbo..... standum est eo quod convenit. Remittentibus enim actiones suas non est regressus dandus : nisi sciens venditor morbum, consultò reticuit. Tunc enim dandam esse de dolo malo replicationem* (2).

Il existe ordinairement dans le commerce des expressions dont l'emploi précise ce à quoi les parties s'obligent, et ce dont elles ne veulent pas être responsables'. On doit leur conserver toute la force que l'usage leur a donnée lorsqu'elles sont claires et intelligibles pour l'une et l'autre partie. (3)

---

(1) L. 14, § 5, *d. tit.*

(2) V. Pothier, vente n.º 251. — Voët, n.º 10. — *Anton. Faber, lib.* 4, *tit.* 33, *dif.* 1, n.ᵒˢ 4, 5., *l.* 43, § *ult., de contrah. empt. ff.*

(3) V. dans Loyseau, Garantie des rentes, chap. 2, n.º 17, à l'égard des ventes 'de chevaux et

45. 3.° L'action rédhibitoire n'est plus recevable lorsque la chose est détruite par cas fortuit ou par la faute de l'acheteur (1). Le vendeur n'est responsable que de la perte provenant de la mauvaise qualité ou plutôt des vices dont la. chose était affectée ; mais c'est à l'acheteur à établir ce fait (2).

46. 4.° Le vendeur est dispensé de la garantie résultant de la *morve* et du *farcin* pour le cheval, l'âne et le mulet, et de la *clavelée* pour l'espèce ovine, s'il prouve que l'animal, depuis la livraison, a été mis en contact avec des animaux atteints

---

autres animaux, la signification des mots *vente à la queue*, qui, suivant lui (et eu égard à son temps), expriment la plus utile partie, pour se décharger de la garantie du tout.

(1) Art. 1647, C. civ., et 7 de la loi du 20 mai 1838.

(2) Mêmes articles : ils établissent une dérogation formelle aux lois 47, § 1, et 31, § 11, du tit. --- V. Pothier, n.° 222. --- Ce système est plus commode dans la pratique, mais moins équitable.

de ces maladies (1). Il peut en effet s'élever alors des doutes sur l'origine de la maladie, et cette incertitude suffit pour décharger le vendeur de la responsabilité.

47. 5.º L'action rédhibitoire ne saurait, enfin, être recevable lorsque l'acheteur, après avoir reconnu le vice, paie néanmoins le prix de la chose (2) lorsqu'il l'a employée de la même manière que si elle n'avait pas eu de vice, lorsqu'il l'a aliénée. Ces divers actes indiquent en effet d'une manière formelle une renonciation à l'exercice de cette action (3).

---

(1) Art. 8 de la loi du 20 mai 1838.
(2) V. Brunnemann sur la l. 19, *d. tit.*, n.º 12.
(3) V. Pothier, n.º 223, et la l. 47, *ff. de Ædil. edicto.*

CHAPITRE VII.

DE LA COMPÉTENCE EN MATIÈRE DE VICES RÉDHIBITOIRES.

SOMMAIRE.

48. *Si la demande n'excède pas deux cents francs , elle est de la compétence du juge de paix du domicile du vendeur.*

49. *Au-delà de cette somme , elle est déférée, sans préliminaire de conciliation, au tribunal civil du domicile du vendeur.*

50. *Des ventes qui ont le caractère commercial.*

51. *Vente sans caractère commercial.*

52. *Où peut être portée la contestation commerciale.*

53. *Incompétence des justices de paix relativement aux affaires commerciales , mêmes minimes.*

54. *Il faut toujours s'adresser au juge de paix du lieu où se trouve l'animal, afin de nomination d'experts.*

48. La compétence, en matière de vices rédhibitoires , se détermine d'après la valeur de l'objet ou le montant de la diminution réclamée , ou bien d'après la nature commerciale de la vente.

En matière purement civile , si l'achat de l'objet affecté d'un vice rédhibitoire n'excède pas *deux cents* francs , l'action en rédhibition devra être soumise au juge de paix du domicile du vendeur , comme juge en matière purement personnelle ou mobilière (1).

49. Si l'achat excède *deux cents* francs , la demande , dispensée du préliminaire de conciliation , sera déférée directement au tribunal civil du *domicile du vendeur* (2).

Cependant le vendeur peut être appelé en garantie, devant le juge où la demande originaire est pendante , par son acheteur actionné par un acheteur subséquent (3).

(1) Art. 2 , C. procéd. civ.
(2) Articles 48 et 59 , C. proc. civ.
(3) Même art. 59.

50. La vente a un caractère commercial lorsqu'elle a été faite par un individu faisant habituellement le commerce de choses de même espèce. Il n'est pas nécessaire que l'acheteur soit commerçant et qu'il ait acheté dans l'intention de revendre, pour être autorisé à réputer acte de commerce la vente faite par un commerçant. Car si la vente et l'achat constituent alors un fait indivisible, rien n'empêche d'apprécier ce fait suivant la diversité du but et de l'intention de chaque partie, en lui assignant une qualité différente par rapport à chaque individu : « Le fait, dit M. Pardessus (1), peut n'être commercial que de la part d'une partie, sans l'être de la part de l'autre.... Ainsi, le non commerçant qui a confié ses effets à un voiturier, à un commissionnaire de transport, à des préposés d'une entreprise de diligence, a le droit de les poursuivre devant le tribunal de com-

(2) Droit commercial, t. 4, p. 21.

merce (1). La jurisprudence a confirmé ce point de droit.

Le sieur Philippe , marchand de chevaux, vendit un cheval au sieur Chapplain, propriétaire , sous la garantie , pendant trois mois, de tous vices rédhibitoires.

Vingt jours après la livraison , le cheval mourut. Le sieur Chapplain actionna le sieur Philippe devant le tribunal de commerce d'Aix , en restitution de prix.

Le défendeur déclina la compétence de la juridiction commerciale.

Le 19 janvier 1837 , jugement par le-

---

(1) Pourrait-il les traduire devant le tribunal civil ? Le choix doit être permis au non commerçant qui a fait un acte purement civil, parce qu'il n'a pu entendre se rendre justiciable du tribunal de commerce par un pareil engagement. Le défendeur ne peut se plaindre ; car le demandeur, en saisissant la justice ordinaire, renonce au moyen de la contrainte par corps; il renonce à la juridiction la plus rigoureuse. V. dans ce sens Cass., 20 mars 1811 , 12 décembre 1836. (Le *Droit* du 20 décembre.) — Pardessus, Droit commercial , t. 5 , n.º 1347. — Bourges , 17 juillet 1837. — J. p. , 2 , 408. En sens contraire, Carré, De la Compétence , t. 2 , p, 533.

quel le tribunal se déclare compétent.

Appel du sieur Philippe.

Du 28 avril 1837 , arrêt, c. royale, v. *journal du Palais* , 1837 , 2 , 144.

« La cour, — attendu que l'art. 632 , C. comm. , répute acte de commerce tout achat de denrées et marchandises pour les revendre ; — attendu que cette disposition doit à la fois comprendre l'achat et la revente ; que la saine raison doit ainsi le décider, et que, si le texte de cet article ne présente la revente que comme la destination de l'achat, l'esprit de la loi, qui seul le vivifie, embrasse nécessairement la revente , qui devient dès lors acte de commerce , puisque cette revente n'est que la suite de l'achat , qui n'a été , d'après la loi , déclaré acte de commerce qu'à cause de la revente qui pouvait le suivre ; — attendu que cette manière d'interpréter l'art. 632 précité est justifiée par l'art. 638 du même Code de commerce, qui excepte des actes de commerce les ventes faites par des individus qui n'avaient point acheté pour revendre ; — qu'une telle exception aurait été inutile dans la loi, si cette loi avait voulu, par l'art. 632, déterminer d'une manière absolue et générale que des achats seuls constituaient des actes de commerce, et non les reventes ; — que, de plus, les exceptions sont toujours la preuve que la règle et le principe étaient déjà établis ; — attendu que, dans l'espèce de la cause, Jean-Baptiste Philippe a la qualité incontestée de marchand de chevaux, et qu'il avait vendu un cheval à Charles Chapplain, et a fait ainsi un acte de commerce, dont le tribunal de commerce d'Aix pouvait et devait connaître ; — par ces motifs, — confirme. »

51. Réciproquement, la vente faite par un non commerçant à un marchand qui achète pour revendre, ne peut être réputée acte de commerce à son égard et le faire

traduire devant le tribunal de commerce , même comme appelé en garantie.

Ernis , cultivateur dans le département de l'Eure , vend un cheval à Isaac , qui le revend lui-même à Baril , marchand de Paris. — Quelques jours après cette vente, Baril intente , devant le tribunal de commerce de Paris , contre Isaac , une action en résolution de la vente pour vice rédhibitoire. Isaac appelle Ernis en garantie. Aucun déclinatoire n'est proposé.

En cet état , jugement qui condamne Isaac à reprendre le cheval, avec dommages-intérêts, et prononce contre Ernis la garantie des condamnations.

Appel par Ernis , qui oppose , pour la première fois , le déclinatoire.

Du 5 mai 1837 , arrêt c. roy. Paris (1).

« La cour, — considérant qu'Ernis n'est pas négociant ; que la vente d'un cheval , faite par Ernis, cultivateur , à Isaac , ne

_____

(1) V. J. p. , 1837 , 1. , p. 545.

constituait pas un acte de commerce, mais un fait purement civil ; que, dès-lors, les contestations auxquelles cette vente pouvait donner lieu à l'égard d'Ernis devaient être portées devant les juges ordinaires ;

» Considérant que nul ne peut être distrait de ses juges naturels ;

» Considérant que si l'assigné en garantie est tenu de procéder devant le tribunal où la demande originaire a été portée, cette règle n'est applicable qu'au cas où l'action sur la garantie est de la même nature que l'action principale, et le tribunal est compétent à raison de la matière, ce qui n'est pas dans l'espèce ;

» Considérant que l'incompétence à raison de la matière est d'ordre public, et qu'elle peut être invoquée en tout état de cause ;

» Annule le jugement, comme incompétemment rendu à l'égard d'Ernis. »

52. La demande formée par l'acheteur

contre son vendeur marchand sera, à son choix, portée devant le tribunal du domicile du défendeur, — devant celui dans l'arrondissement duquel la promesse a été faite et la marchandise livrée, — devant celui dans l'arrondissement duquel le paiement devait être effectué (1).

53. Et toutes les fois que l'affaire est commerciale de part et d'autre, ou de la part du demandeur, elle ne saurait être soumise à la justice de paix, lors même que la valeur de l'objet ou de la demande n'excèderait pas 200 fr. , parce que la justice de paix n'est qu'un tribunal spécial et d'exception , qui ne peut connaître que des affaires qui lui sont formellement attribuées par la loi.

Or, le législateur de la loi du 25 mai 1838, sur les justices de paix, a refusé formellement de leur attribuer juridiction sur

(1) Art. 420, C. procéd. civ.

les affaires commerciales, mêmes minimes
(1).

54. Mais, quels que soient l'intérêt et la
nature de la vente, l'acheteur ne doit pas,
sous peine de forclusion, oublier le
préalable indispensable recommandé par
l'art. 5 de la loi du 20 mai ; c'est-
à-dire de présenter, dans les délais
prescrits par l'art. 3, requête au juge
de paix *du lieu où se trouvera l'animal*,
afin de nomination d'experts chargés de
dresser procès-verbal.

---

(1) V. les discussions, année 1838, dans les
deux Chambres.

CHAPITRE VIII.

DÉROGATION A LA LOI DU 20 MAI 1838.

SOMMAIRE.

55. *La loi du 20 mai 1838 est inapplicable aux animaux achetés pour la boucherie.*

55. Le législateur de la loi du 20 mai 1838 n'a compris sous la qualification d'*animaux domestiques* que les animaux destinés au travail et au service de l'homme. Il n'a pas voulu étendre l'application de la loi aux animaux achetés par les bouchers pour les livrer immédiatement à la consommation. Il s'agit alors moins d'un animal domestique que d'une marchandise dite *viande sur pied*. Les réglemens et usages locaux qui avaient l'habitude d'être observés à l'égard de la garantie entre les marchands

et les bouchers n'ont donc pas été abrogés par la loi du 20 mai 1838. L'intention du législateur sur ce sujet ressort avec évidence des paroles suivantes du *rapporteur* à la Chambre des Députés : « Nous laissons de côté les questions d'interprétation des conventions : par exemple, celle de savoir ce qu'il faudra décider quand l'animal aura été vendu sain et net, quand il l'aura été *pour la boucherie* et non pour le travail. »

Un arrêt de réglement rendu au parlement, le 13 juillet 1699, sur les requêtes des marchands forains de bestiaux pour la provision de Paris, et des marchands *bouchers* de cette ville, est ainsi conçu : « Après avoir pris l'avis du lieutenant de police,

« La cour ordonne que les marchands forains seront garans envers les marchands bouchers dans les neuf jours depuis la vente pour les bœufs, de quelques pays qu'ils viennent, et *pour toutes sortes de maladies*..... à la charge que les bouchers les feront conduire de Sceaux à Paris en troupes médiocres, par un nombre suffisant de personnes, les nourriront convenablement, en sorte que la mort desdits bœufs ne puisse être causée par la faute desdits marchands bouchers ; et que les visites et rapports, en cas de mort dans les neuf jours, seront faits en la manière accoutumée... »

En vertu de ce réglement, la mort de l'animal, arrivée dans les neuf jours par une maladie quelconque , est considérée comme un vice rédhibitoire au profit du boucher. Elle le met, en effet, dans l'impossibilité de livrer l'animal à la consommation, c'est-à-dire de le consacrer à l'usage auquel il le destinait.

Ce réglement a été maintenu par la cour royale de Paris depuis la nouvelle loi ; et, par arrêt du 18 mai 1839 (J. p. , t. 1.er 1839 , p. 590), le tribunal de commerce de Paris a rendu le jugement suivant :

« Attendu qu'aux termes d'un arrêt du

parlement du 14 septembre 1673, et d'une ordonnance du roi du 1.er juin 1732 (art. 27), les marchands forains tenant les marchés de Poissy et de Sceaux étaient garans pendant neuf jours de la mort de leurs bœufs vendus aux bouchers de Paris;

» Attendu que ces dispositions, prises spécialement en faveur du commerce des animaux destinés à la consommation, et aussi dans l'intérêt de la salubrité publique, ont trouvé plus tard leur sanction dans les termes généraux de l'art. 1641, C. civ., ainsi conçu : « Le vendeur est tenu des défauts cachés de la chose vendue qui la rendraient impropre à l'usage auquel on la destine, ou qui diminuent tellement cet usage, que l'acheteur ne l'aurait pas acquise ou n'en aurait donné qu'un moindre prix s'il les avait connus. »

» Attendu que si la loi du 28 mai 1838, en réglant quels seraient à l'avenir les vices rédhibitoires qui donneraient ouverture à

l'action résultant de l'art. 1641 , C. civ.,
n'a point distingué entre les animaux
domestiques destinés à la consommation
et ceux destinés au travail, il convient,
avant d'inférer de son silence l'abrogation
des anciens réglemens, de rechercher dans
la discussion de cette loi quelle a été la
portée que le législateur a entendu lui
donner ;

» Attendu que si, d'une part, il est vrai
que, d'après l'exposé des motifs présentés
par M. le Ministre du commerce, cette loi
devait avoir une action tellement uniforme,
que ceux des vices cachés dont elle ne con-
tiendrait pas la nomenclature ne pourraient
plus être invoqués en vertu de l'art. 1641 ,
C. civ. ; d'une autre part , le rapport
présenté au nom de la commission de la
Chambre des Députés ne laisse aucun
doute sur le sens restrictif de cette loi , et
qu'on y remarque notamment qu'elle ne
déroge pas aux lois de police sanitaire ,

qu'elle ne règlera que les marchés où la
convention ne sera pas intervenue express
ou tacite, et qu'elle laisse de côté les ques
tions d'interprétation de convention : par
exemple, celle de savoir ce qu'il faudra
décider quand l'animal aura été vendu sair
et net, et quand il l'aura été pour la consom
mation et non pour le travail ;

» Attendu que c'est sur la foi de ce
explications que la loi a été votée ;

» Qu'il en ressort, ainsi que de la discus
sion qui l'a précédée, qu'elle était destinée
à mettre un terme aux inconvéniens qu
résultaient de l'appréciation des vices rédhi
bitoires et des fixations des délais, d'aprè
les usages des différentes provinces, en
limitant pour l'avenir ces vices à ceux qu
la science signale le plus ordinairement
mais qu'elle devait laisser à la jurispru
dence l'appréciation des diverses nature
de conventions que la loi ne peut ni prévoi
ni régler ;

» Attendu que les bœufs vendus à Poissy et à Sceaux doivent être immédiatement livrés à la consommation ; qu'il est interdit aux bouchers de livrer des animaux morts ; que la convention tacite ressort évidemment d'un marché de cette nature, où il s'agit moins d'un animal domestique que d'une marchandise dite *viande-sur pied;*

» Déclare nulle la vente du bœuf dont il s'agit, décédé d'une maladie contractée avant la vente. »

Sur l'appel, le jugement a été confirmé le 18 mai 1839.

———

OBSERVATIONS. — La cour de cassation (Cass., 20 mars 1840. -- J. p. t. 1, 1840, 450) a confirmé le principe que nous avons émis au n.°.30, p. 66 et 67. — Il ne suffit pas que, conformément à l'art. 5, la nomination d'experts chargés de constater le vice allégué ait été provoquée dans le délai prescrit par l'art. 3, l'action rédhibitoire doit *encore*, à peine de déchéance, être intentée *dans le même délai.*

La cour de Rouen (arr. du 22 novembre 1839 -- J. p. *loc. cit.*, 489) a aussi décidé que, quand un individu avait vendu un animal qu'il *savait* affecté d'une maladie contagieuse, il y avait *délit* donnant lieu à des dommages-intérêts envers l'acheteur. L'action prend *alors* son origine dans la mauvaise foi du vendeur (V. *suprà* p. 74). IV

DISSERTATION

SUR LA VENTE DES CHOSES QUI S'ESTIMENT AU
POIDS, AU COMPTE OU A LA MESURE, OU
QUE L'ON EST DANS L'USAGE DE GOUTER.

Nous voulons constater ici les modifications que le caractère de certains objets impose au contrat de vente. Ces modifications peuvent avoir leur principe, soit dans la désignation de l'objet, soit dans sa nature même ou son état.

Ainsi le 1.er chapitre aura pour objet les choses nominativement désignées et celles désignées seulement par leur espèce ; le 2.me, les choses qui s'estiment au poids, au compte ou à la mesure ; et le 3.me, les choses qu'on est dans l'usage de goûter.

CHAPITRE 1.er

DES CHOSES NOMINATIVEMENT DÉSIGNÉES. — DES CHOSES DÉSIGNÉES SEULEMENT PAR LEUR ESPÈCE.

Les parties ont pu avoir en vue , dans l'exécution de leur contrat , ou l'espèce entière à laquelle appartient l'objet du contrat , ou seulement un individu particulier de cette espèce. Leur volonté , à cet égard , s'estimera d'après leurs expressions , et l'objet sera placé alors au nombre soit des corps certains , soit des corps incertains : distinction dont les effets sont puissans en droit.

Si l'objet du contrat consiste dans une chose individuellement désignée soit par son nom , soit par tout autre indice précis, il constituera ce que l'on nomme un corps.

certain. *Certum est*, dit Paul *(l. 6, de reb. cred. ff.)*, *cujus species vel quantitas quæ in obligatione versatur , au nomine suo, aut eâ demonstratione qua nominis vice fungitur, qualis quantave sit, ostenditur. Nam et Pedius, libro primo de stipulationibus, nihil referre ait, propriè nomine appellentur, an digito ostendantur an vocabulis quibusdam demonstrentur, qua tenùs mutuâ vice fungantur, quæ tantumden præstènt* (v. l. 74 et 75, *de verb. oblig ff.*). Les choses qui font l'objet des contrats, ne sont pas désignées d'une manière précise et certaine, lorsqu'elles ne le son que par les noms qui les classifient dan l'ordre de la nature, soit que ces nom désignent le genre, soit qu'ils désignen l'espèce. Ce degré de certitude ne peut êtr obtenu qu'à l'aide du nom particulier l'individu et sous lequel les hommes l connaissent dans leurs relations journa lières, ou d'une indication directe par la présence même de l'individu.

Voici les principales conséquences qui découlent de la qualité de corps certain ; nous les limiterons toutefois ici à celles relatives au contrat de vente :

1.° L'objet doit se trouver dans le patrimoine du vendeur (art. 1599 C. civ.); v. *infrà*, p. 117.

2.° La propriété de l'objet sera transférée par le seul effet du contrat (art. 1138 et 1583 C. civ.); v. *infrà*, p. 118.

3.° Cet objet seul peut être délivré. Le vendeur ne saurait en effet être admis à lui substituer un autre individu, serait-il de la même espèce et de la même valeur, parce que les corps certains étant divers entre eux, ils ne peuvent se remplacer les uns les autres sans changer l'objet de l'obligation. *Diversa species* (en latin, *species* désigne l'individu) ; *ideò qui stichum pro pamphilo dat, dare non videtur pam-*

*

*philum, quia aliam speciem dat. — Stichus,
pamphilus genere est idem, specie non
videtur idem. Singula corpora propriam
speciem retinent* (Cujas, l. 2, *de reb. cred.*
ff. — *Oper. posth. recit. solem.*).

4.° Le péril de la chose est à la charge
de l'acheteur, que l'événement ait entraîné
sa destruction ou simplement sa détérioration. En effet, le vendeur n'est débiteur
que d'une chose certaine, et tout débiteur
de pareille chose est libéré par la perte
arrivée sans sa faute (l. 23 *de verb. oblig.*
ff. — Art. 1302 C. civ.). Un simple retard
apporté par le vendeur dans la livraison
pourra, il est vrai, déplacer la responsabilité et la mettre à la charge de ce dernier,
car, ainsi que le dit le président Favre
(*rationalia*, l. 35, § 5, *de contrah. empt.*),
*effectus moræ hic est precipuus ut periculum
transferat in moratorem;* l. 2., c. *de peric.
et commodo.* Cependant si, même alors
le vendeur peut prouver que la perte serait

également arrivée en supposant la possession de l'acheteur, il échappera aux conséquences de son retard (art. 1302, C.
civ.).

Si l'objet du contrat n'a été désigné que par
son espèce, il constitue évidemment un corps
incertain, en ce sens qu'il a besoin d'une
détermination. Cette détermination est
nécessaire, car si nos conventions peuvent
embrasser l'espèce entière comme chose soumise au patrimoine commun des hommes,
du moins elles doivent en définitive et dans
leur réalisation se concentrer sur des indi-
vidualités. L'homme individuel n'est-il pas
un être fini et borné, et n'est-il pas obligé,
s'il veut utiliser sa puissance, de s'attacher
à des êtres finis et bornés? Jusqu'au moment de l'exécution il régnera donc une
incertitude sur le corps en lequel doit se
réaliser l'obligation.

L'objet qui n'est désigné que par son
espèce ne peut être saisi que par l'intel-

ligence , à la différence de l'objet désigné individuellement , qui doit frapper les sens (1). En effet, je ne puis savoir quel est le cheval *gris* que vous voulez me vendre , si je ne le vois ; mais si , nous référant à l'espèce, il n'est question entre nous que d'un cheval de tel âge et de telle qualité que vous devez me fournir , son appréciation n'est qu'intellectuelle.

Voici les conséquences principales de ces principes :

1.º L'exécution de l'obligation n'a pour limite que l'étendue de l'espèce , sans qu'il soit nécessaire de rechercher s'il existe des individus de cette espèce dans les biens du promettant , car il n'a pas été dans l'inten-

---

(1) *Genera , incertæ res sunt , quia nec sunt , sed intelliguntur : contrà species , singulæ res , singula corpora sunt , non autem intelliguntur , atque adeo sensibus , non intellectu , percipiuntur : neque enim intelligo quis sit stichus nisi stichum videro ; sensus antè sensum non est , homo qui sit intelligo , etiamsi hominem non videro.* Cujas, *l.* 6, *de reb. cred., lib.* 28 , *Pauli ad edict.*

tion des contractans de prendre pour limite les bornes du patrimoine du débiteur. L'art. 1599 du C. civil ne s'oppose pas, en ce cas, à l'accomplissement de leur volonté. La prohibition de cet article ne peut s'appliquer sainement qu'aux choses certaines et déterminées faisant partie du patrimoine d'autrui. En effet, si l'objet de la vente est exprimé *sub nomine generali*, l'acheteur ne pourra se plaindre que le vendeur lui ait transmis, par la seule force du contrat, la chose d'autrui, quoiqu'il n'en existe pas de la même espèce dans les biens du débiteur. Car, par une pareille expression, on ne s'adresse qu'à l'espèce; et l'espèce, par sa propre vitalité et son étendue, échappe à la possession privée. Cependant l'homme individuel participant à la puissance que la famille humaine a conquise sur l'ensemble des êtres, il lui est possible de faire acte de pouvoir sur toutes les espèces, et s'il le promet, il lui est enjoint de le faire.

Ainsi, si la vente qui porte sur une chose certaine appartenant à autrui est nulle, c'est parce que la volonté du vendeur tend à parvenir immédiatement à un résultat impossible; tandis que, lorsque la chose est *in genere*, et conséquemment indéterminée, le résultat de la promesse du vendeur est subordonné à un acte subséquent; il ne promet que de faire un acte de pouvoir.

2.º La propriété de l'objet ne peut être transférée à l'acheteur, parce que, tant que le corps en lequel cet objet doit se réaliser n'est pas déterminé, l'acheteur ne peut dire que ce soit celui-ci plutôt que tout autre. Pour pouvoir opposer un droit de propriété, il faut que l'on puisse dire, *Ceci est à moi*, c'est-à-dire il faut en individualiser et préciser l'objet.

3.° Les individus de la même espèce ne sont pas, bien loin de là, de la même valeur. Les uns occupent le plus haut degré de l'échelle, d'autres le plus bas, enfin les autres les positions intermédiaires. Quel est celui qui sera affecté à l'exécution de l'obligation ? Dans quelle catégorie le prendra-t-on ? La nature de l'obligation nécessite un choix, mais cette opération ne pouvait être livrée à l'arbitraire de l'une ou de l'autre des parties. Le choix appartient, il est vrai, au vendeur en sa qualité de débiteur (art. 1246, C. civ.); mais le législateur est bien loin de lui laisser une liberté qui pourrait dégénérer en une duperie envers l'acheteur, il lui prescrit dans quelle catégorie il doit exercer son choix : il n'est pas tenu de donner la chose de la meilleure espèce, et il ne peut l'offrir de la plus mauvaise (art. 1246, C. civ.). Cette règle est commune et au vendeur et à l'héritier (art. 1922, C. civ.).

Si le choix a été déféré à l'acheteur ou au légataire, ils pourront à la vérité choisir la chose qui leur plaira le mieux (l. 2., *de optione leg.* ff.), parce qu'alors il y a preuve manifeste qu'on a voulu les favoriser. Cependant, même dans ce cas, cette faculté doit être exercée *civili modo.* D'abord, le légataire ou l'acheteur doit l'exercer parmi les choses de la même espèce qui font partie du patrimoine de l'héritier ou du vendeur; 2.° il ne saurait lui être permis de choisir celle dont la perte entraînerait des dommages extraordinaires pour le débiteur. Prenons dans les lois romaines un exemple qui servira à préciser notre pensée : *Legato generaliter relicto*, dit Ulpien (l. 37, *de leg.*, 1), *veluti hominis, Gaius Cassius scribit, id esse observandum, ne optimus vel pessimus accipiatur*, voici ce qui est relatif à l'exer-

cice du choix appartenant à l'héritier. La
suite est relative au choix déféré au légataire : *Quæ sententia rescripto imperatoris
nostri et D. Severi juvatur : qui rescripse-
runt : homine legato* ACTOREM *non posse
eligi.* Pourquoi le légataire ne pouvait-il
choisir l'*actor* ? L'*actor* était celui qui
tenait *rationes omnes familiæ* (*l. ult. de
offic. præsid.*), et sa perte aurait pu
entraîner *eversionem totius rei familiaris*
(V. Cujas sur la l. 37 , *oper. posth. recit.
solem.*).

4.° Le vendeur ne peut être libéré de
l'exécution de l'obligation, aurait-il compté
sur les individus de la même espèce qui
lui appartenaient, et ces individus auraient-
ils tous péri. En effet, en pareille circonstance, l'objet de l'obligation s'étendant
à toute l'espèce, il existe tant que l'espèce
subsiste.

Si cependant l'objet de l'obligation avait
été restreint aux individus de l'espèce qui

appartenaient au vendeur et qu'ils vinssent tous à périr, l'obligation du vendeur serait éteinte au détriment de l'acheteur. Ce dernier ne pourrait en effet rien exiger, puisque *ex promisso nihil supersit* (Perez, *C. de peric. et commodo rei vend.*, n.° 12) (1).

Toutes stipulations de choses *in genere* ne sont cependant pas valables. En effet, pour pouvoir apprécier l'utilité d'une convention, il faut que l'on puisse déterminer son objet. Et comment parviendrait-on à ce but si les individus de l'espèce indiquée varient arbitrairement dans leurs qualités, leurs formes et leur étendue ?

Les individus de l'espèce indiquée tiennent-ils, au contraire, de la nature ou de l'art une forme et une qualité dont le

---

(1) L'acheteur ne supportera pas le risque, lorsqu'une partie quelconque d'une chose devant s'estimer à la mesure, fait l'objet de la vente, parce qu'alors la vente est conditionnelle. — V. Duranton, t. 16, n.° 88. — V. d'ailleurs le chap. suivant.

type puisse être précisé (*certum modum* , *certam finitionem*) , la stipulation sera valable.

Dans la première espèce la stipulation ne peut recevoir effet , parce qu'on ne peut lui donner une base fixe , parce qu'il n'y a pas possibilité de déterminer une valeur commune entre les divers individus.

Dans la seconde espèce la stipulation reçoit effet , parce qu'à l'aide du type commun on peut déterminer une valeur commune.

Eclaircissons ces principes par des exemples :

Si j'ai stipulé du vendeur qu'il me livrerait *un animal* , comment pourrait-on apprécier l'objet de la stipulation ? Ce nom, appartenant à tout être susceptible de mouvement par lui-même , n'est-il pas commun à un nombre infini d'espèces ? Les individus qui composent plusieurs de ces espèces ne sont-il pas d'une valeur si infime qu'il

est impossible d'établir un rapport de
valeur entre les individus de ces espèces
et ceux des autres espèces ? Ce rapport ne
serait-il pas si variable qu'on ne saurai
trouver une base commune ? *Certa no*
est igitur demonstratio, certa non est finiti
rei debitæ, et le vendeur pouvant s'acquitter en donnant même un insecte
on doit considérer une pareille convention
comme dérisoire.

Si j'ai, au contraire, stipulé du vendeur qu'il me livrerait *un cheval*, l
convention devra recevoir son effet. Ca
les individus de cette espèce ont reçu de
la nature et une forme précise et de
qualités dérivant de leur organisation
C'est par cette raison que, quoiqu'il
ait d'ailleurs des différences plus ou moin
considérables dans la valeur respectiv
de chacun d'eux, on peut néanmoins forme
une base commune. Alors la convention
devra être exécutée, lors même que le

vendeur n'aurait aucun individu de cette
espèce dans son patrimoine. *Qui hominem
dicit*, dit Cujas sur la l. 74, *de verb.
oblig.* ff., *incertum dicit, quia speciem
certam non demonstrat, licèt qualitatem
quantitatemque demonstret. Quâ ratione
valere dicitur legatum promissioque hominis
indistinctè, sive habuerit promissor fami-
liam, sive non.*

Cependant, certaines circonstances
peuvent servir à préciser et la volonté
des parties et la valeur de l'objet pris
dans ces choses *quæ non habent certum
modum, certam finitionem.* La possession
du débiteur peut servir quelquefois à
déterminer l'étendue de l'objet. En effet,
si je m'engage à livrer certaines choses
déterminées seulement par leur espèce, et
qu'il se trouve des individus de cette
espèce dans mon patrimoine, il est probable que j'avais l'intention d'en délivrer

un. Alors le choix sera déterminé en même temps que limité par l'étendue de ma possession. *Fundi promissio*, dit Cujas (*loc. cit.*), *non valet indistinctè, propterea quod non ut hominis, ita et fundi certus modus, certaque finitio est. Nam vel glebula una fundus dici potest. — Verùm utilis est, si promissor fundum habuerit.* (1)

Ces principes sont communs et aux legs (v. notre tome 3.ᵉ), et aux contrats (V. l. 74 et 75 *de verb oblig.* ff.).

L'enchaînement de la matière nous amène à traiter des choses qui s'estiment au poids, au compte ou à la mesure.

---

(1) V. comment. sur la l. 13 *de leg.*, 1 ; *oper. posth. recit. solem.* --- *Prædio legato sine nomine*, dit le même jurisconsulte, sur la loi 6, *de reb. cred.*, *debebit hæres minimum ex his quæ reliquit testator.*

CHAPITRE II.

DES CHOSES QUI S'ESTIMENT AU POIDS, AU
COMPTE OU A LA MESURE.

———◦⊃◦⊂———

Les choses qui s'estiment au poids, au
compte ou à la mesure forment une des
classes de celles qui n'ont pas par elles-
mêmes *certum modum, certam finitionem*,
c'est-à-dire une étendue et une forme
précises, ou, en d'autres termes, dont le
nom seul n'étant pas suffisant pour pouvoir
déterminer l'individu, soit dans ses qualités, soit dans son étendue, a besoin
de l'adjonction d'une démonstration pour
parvenir à ce but. La détermination nécessaire dans cette circonstance est la fixation
de la quantité. Aussi, les choses qui se
déterminent ainsi sont-elles nommées

choses de quantité ; et de l'habitude de cette qualification est né un usage qui a influé puissamment sur les transactions dont elles formaient l'objet. En effet , on a fini par donner aux choses que l'on estime ainsi le caractère propre aux quantités, on a cessé de prendre en considération le corps dont la nature les a revêtues, pour ne tenir compte que de la quantité qui en fixe l'étendue.

De là sont nées des conséquences légales importantes dont quelques-unes nous seront révélées par la comparaison des *choses de quantité* avec les choses *quæ corpore valent :*

1.° Les choses qui s'estiment au poids, au compte ou à la mesure, pourvu qu'elles soient les mêmes *in genere,* sont aussi réputées les mêmes *in specie,* à la différence des corps certains qui, quoiqu'ils soient les mêmes *in genere,* restent toujours différens *in specie, quia singula corpora propriam speciem retinent.* Et pourquoi cette différence ? c'est parce

que les choses qui s'estiment au poids ,
au compte ou à la mesure *propriam speciem
habere non videntur ;* c'est parce que l'on
considère en elles *la quantité , quœ in
omnibus eadam est ,* plutôt que le corps
quod in omnibus non est idem. De là il
suit que dans certaines stipulations dont
elles forment l'objet, il suffit que le débiteur en rende de la même espèce pour
être valablement acquitté ; parce que *ejus-
dem generis functionem et permutationem
recipiunt* (**L.** *sed si certos, de leg.,* 1. ff.)
(1). Et pourquoi les choses du même genre
peuvent-elles se remplacer mutuellement
les unes et les autres? parce que *alia similis
est alii* (l. *in navem, locati*), au moins
quantitate. En sorte qu'alors le débiteur *non*

(1) *Eœ res, quarum solutione defungimur in genere
magis quàm in specie.* V. Cujas, *lib.* 28, *Pauli ad
edictum,* l. 2, § 1, *De reb. cred.*

videtur aliud pro alio solvere (1); tandis que les choses *quæ corpore valent,* seraient-elles de même espèce , ne peuvent se remplacer les unes les autres sans la .volonté expresse des parties , parce que *propriam speciem retinent,* et qu'alors il y aurait nécessairement changement dans l'objet du paiement. Mais ce n'est pas encore ici le lieu de développer ces principes ; revenons à ce qui regarde plus particulièrement notre sujet actuel.

2.° Si j'ai stipulé que vous me livreriez tant d'hectolitres de vins de telle vigne , sans spécifier l'année, l'objet du contrat ne consiste pas dans un corps certain , mais dans une quantité. Aussi, viendriez-vous à perdre tout le vin que vous avez récolté, et même la récolte prochaine,

_____

(1) *Quautitas specie communi continetur* (l. *cùm stichus, de solution* ff.), *et ideo qui pro aureo, dat aureum, eumdem aureum, eamdem speciem dare videtur, quinimò potius reddere quàm dare* (Cujas, sur la l. 2, *de reb. cred.; oper. posth.*)

que vous ne seriez pas libéré envers moi, et que vous devriez vous acquitter sur les récoltes suivantes.

Ai-je stipulé de vous, au contraire, un corps certain, et ce corps certain vient-il à périr sans votre faute, vous serez libéré envers moi (art. 1302, C. civ.).

3.° Par la même raison, si j'ai stipulé de vous que vous me livreriez *stichus et pamphilus*, et que je meure laissant deux héritiers venant par égale part à ma succession, la division ne se fera pas entre les héritiers *numero*, mais *in partes*, c'est-à-dire que *stichus* n'appartiendra pas à l'un et *pamphilus* à l'autre, mais que chaque héritier aura une part respective dans chacun des esclaves, *dimidia pro indiviso*.

A-t-on stipulé, au contraire, par exemple, 100 hectolitres de vin, la division se fera *numero* entre les héritiers, et chacun héritera de 50 hectolitres (L. *Cùm Stichus de solut*. ff.).

4.° Vous m'avez vendu une maison, mais il n'y a pas de maison dans votre patrimoine, la stipulation sera nulle. Au contraire, vous m'avez promis 100 hectolitres de blé, vous n'en avez pas, et cependant vous serez obligé d'exécuter nos conventions, parce qu'alors il y a stipulation sur une quantité *quæ semper intelligitur aliis bonis inesse*. Et pourquoi toute *quantité* est-elle toujours censée exister dans les autres biens du débiteur ? parce que *potest confici ex rebus aliis*, elle peut être acquittée à l'aide des choses que l'on possède (V. Cujas sur ces diverses espèces (1), *loc. cit.* et notre tome 3.ᵉ).

_____

(1) *Fundus autem non intelligitur esse in hæreditate, nisi sit reverâ: non mutat quod fundus possit parari pecuniâ hereditariâ, nam nunquàm quis dicitur habere id quod pecunia sibi parere potest.* V. Cujas sur la L. 88, *de verb. signif.* ff.

Si nous considérons quels sont les principes qui règlent le péril et l'acquisition
de la propriété des choses qui s'estiment
au poids, au compte ou à la mesure,
nous serons amené à l'examen des art.
1585 et 1586 du Code civil, ainsi conçus :
« Lorsque des marchandises ne sont pas
vendues en bloc, mais au poids, au
compte ou à la mesure, la vente n'est
point parfaite, en ce sens que les choses
vendues sont aux risques du vendeur
jusqu'à ce qu'elles soient pesées, comptées
ou mesurées ; mais l'acheteur peut en
demander ou la délivrance ou des dommages-intérêts, s'il y a lieu, en cas de
l'inexécution de l'engagement.

« Si, au contraire, les marchandises
ont été vendues en bloc, la vente est
parfaite, quoique les marchandises n'aient
pas été pesées, comptées ou mesurées. »

Les choses qui s'estiment au poids
au compte ou à la mesure, peuvent êtr
vendues, ainsi que l'indiquent les ar
1585 et 1586, de deux manières, o
en bloc, ou en se référant à leur quan
tité.

La vente est faite en bloc, lorsqu'o
vend, par exemple, tout le blé que l'o
a sur son grenier pour un seul et mêm
prix. C'est là, en effet, la vente *per aver*
sionem des jurisconsultes romains (Modes
tin, L. 62, § 2, *de contrah. empt.*) que
Cujas a définie (L. 35, §, 5, *eod. tit.*)
Res aversione vendita est, quæ confusè e
acervatim pretio insimul dicto, non in sin
gulas res constituto, vendita est. Dans cette
circonstance, les parties ne traitent pas
sur une *quantité*, mais bien plutôt sur
une chose que sa relation avec un corps
certain, par exemple avec le vase, l'appar-
tement, le lieu enfin qui la contient et la
limite, permet de considérer elle-même

comme corps certain (1). Alors la vente
est pure et simple, la propriété est acquise
par le seul effet du contrat, et le péril
passe immédiatement à la charge de l'ache‑
teur (V. Troplong, Vente, n.° 87).

Si les marchandises sont vendues au
poids, au compte ou à la mesure, il
n'est pas sans difficulté de rechercher la
véritable raison de la disposition de l'art.
1585 et quelles doivent en être les consé‑
séquences par rapport à la transmission
de la propriété.

En effet, si nous considérons les mar‑
chandises en elles-mêmes, nous serons
obligé d'avoir égard au corps dont les

---

(1) *Notandum ex eâdem lege (L. 75, de verb.
oblig. ff.) certam esse stipulationem si quis frumen
tum, vinum aut pecuniam stipuletur ità : quod est
in horreo, in apothecâ, in arcâ. Hæc enim stipulatio
comparatur stipulationi hominis stichi, aut fundi
tusculani. — Qui verò hominem stichum dicit, planè
speciem certam dicit. Qui item vinum quod est in
apothecâ, hoc sermone et speciem, et qualitatem, et
quantitatem demonstrat satis. Dicit enim vinum quale
quantumque est illo loco.* (V. Cujas sur cette loi.)

a revêtues la nature; et si le lieu qu
les contient est indiqué, nous ne pour
rons dire que l'espèce tout entière fai
l'objet du contrat. Nous ne pouvons nou
empêcher de reconnaître que ces carac
tères appartiennent à l'espèce de l'art. 1585
Ce n'est pas en effet une vente de chose
in genere, puisque dans une vente d
choses pareilles il ne peut s'élever l
moindre doute que le vendeur ne saura
être libéré de ses obligations par la pert
de l'objet : *genera non pereunt*.

Mais voyons si, malgré cette indication
les principes particuliers aux quantités n
doivent pas encore nous guider et nous co
duire au même résultat. En effet, si nou
nous référons à la volonté des parties, nou
verrons qu'elles ont eu l'intention d
traiter sur une *quantité*. Et cette cons
dération donne à l'objet du contrat un
nouvelle nature. Car, suivant le princi
que nous avons posé ci-dessus, les chos

de *quantité , corpore non valent , propriam speciem habere non videntur.* Si donc il est constant que les parties ont eu l'intention de traiter sur une *quantité* , l'objet du contrat ne constitue ni un corps certain , ni même un corps incertain. Ce serait même un contre-sens que d'allier un corps certain à une quantité, que d'estimer un corps certain d'après les mesures de quantités. Et pourquoi ? parce qu'à la simple inspection d'un corps certain on reconnaît immédiatement son étendue. C'est ce que Cujas établit ainsi dans le passage suivant (L. 6, *de reb. cred.* ff., — *Pauli ad edictum*): *Nullum corpus quantitati subest — quanta (verbum hujus legis) ad speciem non pertinet : quandoquidem est species sive corpus aliquod certum ostendatur , non est necesse ejus dimensionem ostendere.* De cette première raison nous pourrions déjà conclure qu'il ne peut y avoir, dans l'espèce, trans-

***

mission de la propriété par le seul effet du contrat, puisque l'existence d'un corps certain formant l'objet du contrat est nécessaire pour parvenir à ce but.

Par la même raison, nous pourrions déjà dire que le péril ne peut appartenir à l'acheteur, puisque les corps seuls périssent et qu'il n'est pas encore créancier d'un corps.

Et les choses restent en cet état jusqu'à ce que la quantité se soit réalisée, c'est-à-dire qu'on ait attaché la valeur qu'elle représente à des choses matérielles. Car les parties ne se sont pas proposé pour but unique de stipuler une valeur, mais encore d'obtenir la chose qui la représenterait.

L'opération qui doit conduire à ce but est le pesage, le compte ou le mesurage, et cette opération doit avoir lieu avec les conditions prescrites par les parties, c'est-à-dire qu'il ne serait pas permis au ven-

deur de livrer. d'autres choses que celles
indiquées, seraient-elles de la même espèce,
et qu'il devra délivrer la quantité fixée
par un nombre précis, par exemple 20
mesures de blé, ou limitée seulement
par la masse de la chose, ce qui a lieu,
par exemple, dans la vente d'un tas de
blé à 20 fr. l'hectolitre.

Il est donc bien important de distinguer la quantité qui fait l'objet de la stipulation du corps qui doit réaliser ou remplir cette quantité. Car la quantité est
certaine en elle-même par la fixation du
nombre, *et in quantitate genus cogitamus
semper, non ullam certam speciem* (Cujas,
loc. cit., et in L. 1., de annuis leg., ff.).
Mais le corps qui doit la remplir ne peut
devenir certain que par l'opération du
mesurage : *non enim intelligo antè,* dit
Nood (*tit. de peric. et comm.*) *quid ,
quale aut quantum sit venditum.* Objectera-
t-on que les choses de quantité deviennent

corps certain par leur relation avec un
corps certain, par exemple avec le corps
qui les contient? Cela est vrai, mais alors
ce rapport sera exprimé ainsi : le contenu, et le contenu tout entier, ne sera
estimé que par le contenant (1), par
exemple, tout le vin contenu dans un
tonneau ; car si je prends une autre base
d'estimation, je démontre par cela même
que je n'ai pas foi à ce mode d'appréciation et que je ne veux pas m'en servir.

L'opération du mesurage, nécessaire
pour préciser l'objet et en fixer le prix,
étant forcément subordonnée à l'existence des choses indiquées au moment
où on veut la réaliser, constitue comme
une condition qui affecte le contrat lui-
même et en ajourne la perfection jusqu'à
l'époque où elle est remplie. Ne reconnaît-on
pas là, en effet, ces deux caractères : le

(1) *Dicet enim venditor vinum, quale quantumque
est illo loco* (Cujas, *loc. cit.*).

temps futur et une incertitude plus ou moins grande ? Ce n'est sans doute pas une condition ordinaire, une condition extérieure, *extrà rem ipsam*, une condition attachée à un fait qui peut se réaliser en dehors de la chose et malgré même son extinction, comme, par exemple, lorsque j'ai stipulé que vous me donneriez telle chose, *si votre vaisseau revenait d'Amérique*. Mais c'est une condition *quæ cohæret rebus ipsis, quæ post eas peremptas non potest ampliùs existere, quia quod jam periit neque mensurari, neque adpendi, neque numerari potest* (Favre, *rationalia*, L. 35, § 5, *de contrah. empt.*). Aussi, dans les conditions extérieures indépendantes de la volonté du débiteur, il faut attendre la réalisation de l'événement. Dans l'espèce actuelle, au contraire, cette réalisation dépend de la volonté du débiteur et peut être par lui hâtée. Quel est l'obstacle, dès que l'on est convenu du prix par chaque mesure, qui empêche le vendeur de donner à la vente toute sa perfection, en obligeant l'acheteur de venir procéder au mesurage, en le constituant en demeure? Par ce moyen, il se libérera du péril; et s'il ne l'emploie pas et que les choses périssent, il ne devra imputer la perte qu'à lui-même. C'est ce que le président Favre (*loc. cit.*) exprime en ces termes : *Cùmque stet per venditorem quominùs statim fiat mensuratio, aut ponderatio, aut adnumeratio rerum venditarum, aut saltem in morâ emptor constituatur metiendi, adpendendi aut numerandi, sibi imputet si non fecerit quod facere debuit, ut eo periculo se exoneraret.* La stipulation du mesurage n'est donc pas une véritable condition, mais le contrat en est affecté comme si c'était une condition : c'est ce que les jurisconsultes romains veulent dire par ces mots : *venditio quasi sub hac conditione videtur fieri, ut in sin-*

gulas metratas quas admensus eris (V. L. 35 , § 5 , *de contrah. empt.* , et 4 , *de peric. et comm.* ff.).

Aussi, le jurisconsulte que nous venons de citer finit-il par dire (*loc. cit.*) : *In summâ, non tàm videtur hœc conditio quàm dilatio quœdam quœ, ex naturâ rei, suspendit vim et perfectionem emptionis.*

Néanmoins, quel que soit le caractère particulier de cette condition, elle suspend, comme le dit le président Favre, la force et la perfection de la vente, et alors, par cette nouvelle considération, nous devons décider encore que, jusqu'à l'accomplissement de la condition, la propriété n'est pas transmise, et que le risque reste à la charge du vendeur (L. 35, § 7, *d. tit.*). Sans doute le risque, dans cette circonstance, ne dérive pas du droit de propriété, mais d'un caractère particulier à l'objet, de son indétermination. Aussi, ne devons-nous pas argüer des principes de l'art. 1182 , parce qu'ils ne s'appliquent qu'à un corps certain. Et voici la conséquence de cette différence , c'est que nous ne serons pas obligé de rechercher si le péril qu'a encouru la chose indiquée en a entraîné la destruction totale , ou causé seulement une détérioration. Nous devrons donc encore dire avec Gaius (*d. l.*, § 7) : *omne periculum ad venditorem pertinet.*

Par la même raison, nous ne distinguerons pas , par application de l'article 1302, si , malgré le retard du vendeur, la perte fût également arrivée chez l'acheteur, en cas de livraison des marchandises. Et si nous décidons ainsi , ce n'est pas en nous appuyant sur un prétendu silence qu'aurait gardé l'article 1585 entre les objets certains et les objets indéterminés , mais bien parce que la force des principes le veut ainsi. Les principes ont aussi leur nécessité.

Voyons comment la doctrine et la jurisprudence ont entendu et expliqué cette matière :

M. Troplong (Comment. sur l'art. 1586) considère la stipulation du mesurage, du compte ou du pesage, comme une condition ordinaire, et la vente des marchandises que l'on doit estimer ainsi, comme une vente conditionnelle ordinaire. Aussi ce jurisconsulte ne tient-il aucun compte des termes dubitatifs et même restrictifs que les jurisconsultes romains, et même leurs commentateurs, ont employés dans cette circonstance. En effet, Gaius (l. 35, § 5, *d. tit.*) ne dit pas simplement *venditio sub hac conditione fit*, mais-bien *venditio quasi sub hac conditione fieri videtur* (1)... Ce mot *quasi* ne devait pas être supprimé dans la citation qui a été faite

---

(1) V. un effet du caractère particulier de cette condition, par rapport au péril de la chose, dans Cujas, *Recit. solemnes*, *C. de peric. et commodo.*

(p. 107, t. 1.ᵉʳ) de l'opinion de ce juri:
consulte, parce qu'il est nécessaire pou
nous faire reconnaître sa véritable pensé
L'opinion du président Favre est moir
absolue que semble le croire M. Troplon;
nous l'avons établi p. 143; d'ailleurs
mot *videtur* que contient la citation
prouve suffisamment. Cette remarque n'e
pas sans importance, car nous verror
infrà que le caractère absolu que M. Troj
long a donné à cette condition l'a condu
à une erreur (V. p. 166, 167).

M. Duvergier (Vente, n.º 83) a don
eu raison d'opposer à la doctrine de M
Troplong que la stipulation du mesurag
ne réunissant pas les caractères prescri
par les articles 1181 et 1182, ne renda
pas la vente conditionnelle dans le sen
de ces articles. Mais il a eu tort, suivan
nous, de ne lui reconnaître aucun effe
suspensif par elle-même : cet effet dérive

pour nous servir des termes du président Favre, *ex naturà rei*.

Nous devons aussi reconnaître avec M. Duvergier, combattant la doctrine de M. Troplong, que la règle *res perit domino* a été l'objet de bien des méprises. Aussi ne dirons-nous pas avec ,M. Troplong (*loc. cit.*, *pag*. 113, *in fine*) que, d'après l'article 1138, le risque est la *conséquence* du droit de propriété. Il accompagne toujours, il est vrai, le droit de propriété, lorsque le propriétaire n'est pas en concours avec un créancier : il ne peut en être autrement. Et nous reconnaissons que l'art. 1138 a réduit considérablement le nombre des circonstances où ce concours avait lieu. Mais la transmission de la propriété entre les mains de l'acheteur n'est-elle pas plus ou moins dépendante du caractère de l'objet? L'acheteur ne devient-il pas propriétaire seulement lorsque l'objet est certain? Et dans l'espèce de

l'article 1585, si le vendeur reste propriétaire et supporte les risques, n'est-ce pas
parce que la stipulation ne porte que sur
un objet indéterminé? Alors la conservation du droit de propriété et la charge du
risque dérivent d'une cause commune
mais non l'une de l'autre. Il n'est donc pas
vrai que le risque soit la *conséquence* du
droit de propriété ; seulement, en vertu
des *principes de notre droit* ; ils s'accom-
pagnent presque toujours : de ce fait seul
on peut tirer quelques conséquences. Aussi
les jurisconsultes se gardaient bien d'appliquer la règle *res perit domino* aux relations entre parties contractantes, et l'a-
cheteur d'un objet certain, quoique non
encore propriétaire, supportait les risques
(v. *Instiut.*, § 3, *de contrah. empt.*)
Dans notre droit, et particulièrement
dans l'espèce de l'art. 1585, si l'acheteur
ne supporte pas le risque, c'est encore
parce que, suivant l'expression de Pothier

(Vente, n,° 309), il ne peut tomber que sur quelque chose de déterminé. Nous ne devons pas nous laisser égarer par quelques expressions du législateur : qui ne sait que ses motifs peuvent être erronés ? Mais qu'est-ce qui peut nous obliger de les suivre lorsqu'il ne les a pas consacrés par une disposition législative ?

Nous sommes cependant bien loin d'adopter l'interprétation que M. Duvergier a donnée des dispositions de l'art. 1585. En effet, ce jurisconsulte d'un jugement si sûr, et dont l'opinion s'appuie, dans cette circonstance, sur des autorités imposantes, affirme (n.° 83, *in fine*) que, si la propriété n'est point transférée par une vente faite au poids ou à la mesure, ce n'est point parce que le pesage, le compte ou le mesurage aura été stipulé, mais parce que les choses vendues seront absolument indéterminées ; que si, au

contraire, c'est tant d'hectolitres de bl
renfermés dans tel grenier, tant de me
sures de bois déposées sur tel port ou dan
telle forêt, tant de kilogrammes de se
chargés à bord de tel navire, qui sor
vendus à tant l'hectolitre, la mesure ou l
kilogramme, il n'y a aucun obstacle à l
transmission immédiate de la propriété.

Ainsi ce jurisconsulte veut que les vente
au poids ou à la mesure n'aient rien d'ir
déterminé en elles-mêmes, mais seule
ment par des causes extérieures, et par l
il assimile ces ventes aux ventes ordinaire:
et considère comme vente de corps certai
celle de tant d'hectolitres de blé renferme
dans tel grenier. De ces principes il deva
conclure que, dans toute espèce réunissar
les conditions de l'article 1585, la trans
mission de la propriété était immédiat
Nous disons, au contraire, que dans tou
vente faite au poids ou à la mesure, il

à toujours, et nécessairement, de l'indéterminé dans l'objet.

Le fondement de la solution, on le voit, est toujours dans le caractère propre de l'objet ; et si nous démontrons que, dans l'art. 1585, c'est l'indétermination attachée à l'objet qui fait supporter le péril de la perte ou de la détérioration au vendeur, nous démontrerons par cela même qu'il n'y a pas transmission immédiate de la propriété au profit de l'acheteur.

- Et pour préciser les principes que nous avons déjà posés, prenons des exemples : la législation romaine nous en fournit plusieurs :

Sed et si, dit Gaius (l. 35, § 7, *d. tit.*), *ex doliario pars vini venierit, veluti metreta centum : verissimum est, quod et constare videtur, antequam admetiatur, omne periculum ad venditorem pertinere.* « Si j'ai acheté, dit Gaius, une partie du vin que renferme tel cellier ; par exemple, cent litres : on regarde comme constant qu'avant le mesurage le vendeur supporte tout le péril. »

Pourquoi le péril reste-t-il à la charge du vendeur ? Parce que la vente n'est pas parfaite : c'est ce que tous les textes établissent. Pourquoi la vente n'est-elle point parfaite ? Parce que le mesurage ou le pesage est considéré comme une condition : c'est ce que tous les textes affirment encore. Mais pourquoi considérer ce fait comme une condition ? Parce que son accomplissement a pour effet de préciser l'objet, et que jusqu'à ce moment il règne sur le corps qui doit remplir la quantité la même incertitude que celle qui dérive d'une vente de choses *in genere*. Cela est si vrai, que cette vente est ordinairement opposée à la vente *per aversionem*, c'est-à-dire à la vente qui considère les choses qui s'estiment au poids ou à la mesure

comme corps certain. Dans cette dernière
vente *idem juris est*, dit Gaius (*d. l.*,
§ 5), *quod in cæteris rebus*, c'est-à-dire que
le péril passe à l'acheteur de la même manière que s'il avait acheté tel fonds ou
stichus. Mais alors *omne vinum, quantum-
cumque esset, uno pretio venierit.* La vente
au poids ou à la mesure paraît, au contraire, dit Wesembeck (*de peric. et comm.*,
n.° 3), *generis esse, non speciei.* Le président Favre, dans son commentaire sur le
même titre (*Rationalia, l. 5, § 1*), lui
assigne le même caractère (1).

Mais en désignant le lieu ou le lien qui
contient les marchandises dont on a stipulé une partie, par exemple cent mesures,
objecte-t-on habituellement, on les précise
suffisamment. — Non, on ne les précise
pas suffisamment ; on oublie qu'il est né-

---

(1) Voir aussi le passage ci-dessus cité de
Cujas : *In quantitate genus cogitamus semper, non
ullam certam speciem.*

cessaire alors que les marchandises que renferme ce lieu , ou bien que les vases qui les contiennent, fassent intégralement *et sine respectu mensuræ*, comme dit Voët, l'objet de la vente. Si les jurisconsultes romains avaient, dans pareille circonstance , reconnu que l'objet était assez individualisé, ils auraient rejeté le péril sur l'acheteur : s'ils ne l'ont pas fait , c'est qu'il n'y avait pas précision suffisante à cet effet. Le président Favre s'explique ainsi sur cette question (*Rationalia, de peric. et comm. l. 1 , princip.*) : *Et si vendita sit pars vini ex hoc doliari , et totum vinum perierit, quæ ab Accursio nostro proposita quæstio est , dicemus periculum esse venditoris, non emptoris ; quia licèt demonstrativè ex tali dolio aut doliari vinum quodammodo in specie venditum esse videatur , ut proindè periculo emptoris esse debeat, negari tamen non potest quin venditio facta sit ad mensuram , nec proindè*

quin sit imperfecta ante mensurationem fac-
tam, nisi steterit per emptorem. Et ita bene
Accursius concludit. Est igitur hæc venditio
non speciei, sed generis quod perire non
potest.

Enfin, M. Troplong (Vente, t. 1.er, p.
124 et 125) démontre ainsi que, dans
toute circonstance pareille, la chose n'est
pas assez certaine pour passer aux risques
de l'acheteur : « Sans doute, la chose est
précisée quant *au lieu* qui la contient ;
mais elle ne l'est pas eu égard *à la quan-*
tité, et c'est ici la quantité qui est la condition décisive. En effet, quand j'achète à
la mesure, au poids, au compte, j'annonce
que je ne veux envisager la chose que
comme quantité, et non comme corps certain. La quantité peut diminuer par dessi-
cation, absorption, coulage, corruption,
etc. ; car il s'agit de choses naturellement
sujettes à dépérissement. Je fais connaître
suffisamment que je ne veux pas me

charger de tous ces risques , que je
ne veux pas subir ces variations et
ces pertes , tant que la chose n'aura
pas été réduite pour moi en quantité
mesurée, pesée ou comptée. Car , ce que
j'achète , ce n'est pas une quantité définie
seulement par le contenu , mais une quantité définie d'abord par le contenant , ensuite et surtout par le mesurage, le pesage
et le comptage. J'ai exigé qu'on pénétrât
dans le contenu, qu'on le divisât en parties,
qu'on détruisît le bloc , que la quantité
mise en évidence par le vendeur fût trans-
formée en une quantité plus précise par
une opération ultérieure de calcul. Tant
que cela n'est pas fait , on ne sait encore
qu'imparfaitement ce qui a été vendu. *Non
apparet quid venierit;* et ceux-là se trompent
qui soutiennent qu'il y a vente de corps
certain. »

La cour de cassation a aussi établi en
principe, dans un arrêt déjà ancien , il est

vrai, (arrêt du 11 novembre 1812, S. 13 1, 52,—J. p., 2. *edit.*, 13, 944) que l'art. 1585, bien loin d'être un obstacle à la transmission de la propriété dans la vente de marchandises faite au poids, au compte ou à la mesure, confirme au contraire le principe de l'art. 1583 à cet égard, en décidant que, même dans ce cas, la vente est parfaite à tous autres égards que les risques.

Dans l'espèce, un sieur Larue, débiteur du sieur Dulery-Peyramont, avait vendu 36 toises de bois à brûler, *lesquelles 36 toises devaient être prises sur la totalité du bois qui était en la possession du vendeur, et notamment sur tous les bois achetés par Larue du sieur Tabanon, et qui se trouvaient, à l'époque de la vente, dans le chantier du port de Sauviat.*

Larue prit quatre mois pour livrer les bois, dont, au reste, il déclara n'être plus que *le gardien et le conducteur.*

2

Ainsi, dans l'espèce, les 36 toises de bois étaient à prendre dans *un lieu indiqué*; et, de cette circonstance, le défenseur du sieur Peyramont, et la cour a confirmé son opinion, a conclu que *l'objet vendu était un corps certain* (**V.** Duvergier, Vente t. 1.er, n.° 84, note). Nous ne recommencerons pas la critique de cet arrêt, elle est facile à faire à l'aide des principes que nous avons posés et que nous ne pourrions que répéter; cette critique a d'ailleurs été très bien faite par M. Troplong (Vente, n.° 86). Faisons observer seulement que, malgré la volonté des parties, la question de propriété n'était pas un hors-d'œuvre, comme semble le croire M. Troplong. Sans doute, la volonté des parties peut, même dans cette circonstance, rejeter le péril sur l'acheteur; sans doute, elles auraient pu valablement stipuler que dans le cas de destruction du bois déposé dans le chantier du port de Sauviat, l'acheteur supporterait la perte de ses 36 toises : *quid enim tàm congruum fidei humanœ, quàm ea quœ inter eas placuerunt servare* (L. 1, *de pact*. ff.), surtout lorsque la convention n'est pas contraire aux nécessités légales ? Le péril ne porte-t-il pas sur quelque chose de déterminé, ainsi que l'exige Pothier (*lcc. cit. suprà*) , sur le *bois déposé dans le port de Sauviat*, dont la perte totale , entraînant nécessairement celle de la quotité fixée , retombe, pour cette quotité et suivant la volonté des parties , sur l'acheteur ?

La volonté des parties peut-elle , dans les mêmes circonstances, transporter immédiatement la propriété ? Une pareille convention n'est sans doute pas contraire aux mœurs , ni même à la nature du contrat. Mais ce n'est pas de là que vient l'obstacle, il vient de ce que les parties tendent à obtenir immédiatement un résultat impossible. La volonté des contractans ne peut transférer , *par sa seule force* , la propriété que lorsque l'objet est certain, il faut que celui qui se prétend propriétaire puisse dire : *hanc rem meam esse aio* (1). Or le mesurage seul peut le faire, M. Troplong l'a établi lui-même. L'obstacle à la transmission de la propriété entre les mains de l'acheteur, lorsque le mesurage est stipulé, n'est pas tout entier dans l'intention des parties ; il ne dérive pas alors d'une condition dont on puisse arbitrairement supprimer les effets, puisque cette condition n'est pas *extrà rem ipsam*, qu'elle ne consiste pas dans un fait extérieur, mais qu'au contraire *cohæret rebus ipsis*, en ce sens aussi qu'elle doit par son accomplissement les préciser matériellement, les rendre

---

(1) Aussi, dans l'action qui donne au droit de propriété son efficacité, c'est-à-dire dans l'action en revendication, le jurisconsulte Paul dit-il (L. *si item , de rei vend.* ff.) : *Si in rem aliquis agat : debet designare rem.* Et Cujas ajoute : *Non satis est genus designare , sed speciem certam et corpus certum designari oportet. Et hìc appellatione rei, non genus significatur, sed species.*

enfin corps certains. (Le péril, suivant la supposition ci-dessus, porterait sur un corps certain, *sur le bois* et *sur le bois* tout entier *déposé sur le port de Sauviat*.)

Revenant à notre revue des opinions, si nous cherchons quelle fut la pensée du législateur, nous trouverons que M. Faure s'exprimait ainsi dans son rapport au tribunat (Fenet, t. 14, p. 153). « Dans la vente au poids, au compte ou à la mesure, *l'acheteur ne peut devenir propriétaire* des marchandises que lorsqu'elles auront été comptées, pesées ou mesurées. Car, jusque-là, rien n'est déterminé ; et tant qu'il n'y a rien de déterminé, les marchandises restent aux risques du vendeur. C'est sous ce point de vue que la vente n'est point parfaite. Au surplus, il existe un engagement réel entre les deux parties dès le moment du contrat. De ces engagemens réciproques résulte pour l'acheteur le droit de demander la livraison. Toutes ces r

flexions s'appliquent aux objets qu'on̓ ɛ

dans le cas d'essayer ou de goûter. »

« Il était important, disait M. Grenier ɛ

Corps-Législatif (*loc. cit.*, p. 182, 183

de distinguer le cas où il y a transmissi

de propriété, de ceux où il n'y en a poi

quoiqu'il y ait toujours l'engagement q

fait le principe de la vente, engageme

dont l'exécution doit être réclamée ɲ

l'acheteur.

« La raison de cette distinction est qu

dans le cas où la vente est parfaite par

seul consentement...., la chose vendue

la propriété de l'acquéreur, et dès lors e

est à ses risques, d'après la règle si conn

res perit domino (v. l'observ. faite p. 147

au lieu que, lorsque la vente existe, à

vérité, mais qu'on ne peut pas la considéɹ

comme accomplie sans le secours de qu

ques circonstances, la chose vendue

aux risques du vendeur, en sorte que

auparavant elle périt, c'est pour le vendeur qui n'est pas encore dessaisi de la propriété.

« C'est d'après ces idées qu'il a été dit dans l'article 2 (art. 1583) : La vente est parfaite, etc.

« Voilà le principe général : Le consèntement seul donne l'essence à la vente et emporte transmission de la propriété.

« Une exception à ce principe est consignée dans l'article 4 (aujourd'hui l'article 1585). »

(V. dans le comment. de M. Troplong, n.os 87 et 88, le recueil des opinions des orateurs sur ce point. Il reproche avec raison à M. Duranton une contradiction dans ses principes, et s'étonne (v. n.º 86) qu'il n'ait pas même soupçonné que la question pût être controversée.)

Si nous considérons quelle est la force obligatoire d'une vente de choses que l'on doit estimer au compte, au poids ou à la mesure, nous verrons qu'il y a entre les

parties contractantes un *vinculum juris*
qui les empêche de discéder de leurs engagemens. Et le doute à cet égard ne peut
venir de l'existence de la condition (1)
inhérente au contrat, mais du caractère
propre de la condition de mesurage, comparé
au caractère de la conditon de dégustation.
En effet, la condition du mesurage n'est
pas soumise à l'arbitraire de l'acheteur
comme la condition de dégustation, il ne
lui est pas permis alors *improbare vendi-
tionem*, dit le jurisconsulte Paul (2). L'accomplissement de cette condition n'a pas
même pour effet d'augmenter ou de diminuer la quantité vendue, mais seulement
de déterminer quelle est cette quantité,
par exemple, dans la vente de tout le
blé déposé dans mon grenier, à tant l'hectolitre (*ead leg.*).

---

(1) V. Tiraqueau, *relruct. gent.*, *glos.* 2, n.°
27, § 1.

(2) *Medio tempore penitentiæ locus non est*, dit
Voët, *de contrah. empt.* (V. 1. 34, § 5).

L'acheteur a le droit de contraindre le
vendeur à l'accomplissement de la condition, et le vendeur peut offrir cet accomplissement. Cette condition ne consiste pas,
en effet, dans un événement extérieur et
casuel dont il faut nécessairement attendre
la réalisation ou la non réalisation, mais
elle consiste dans un fait potestatif de la
part du vendeur. Et nous ne faisons pas de
doute que si c'est par la faute de l'acheteur
que cette condition n'a pas été accomplie,
il devra en supporter les conséquences.
Ainsi, si les marchandises sont venues à
périr après la mise en demeure de l'acheteur, nous croyons que la perte devra
retomber sur l'acheteur : c'est un point
constant dans le droit romain et parmi
ses commentateurs (1). Et il n'y a là
que l'application de ce principe de morale,

(1) V. les divers comment. sur les lois 6 et 17,
C. *de peric. et commodo.* — Duvergier, n.º 95. —
Cujas sur la l. 34, § *alia causa, de contrah empt.*
lib. 33, *Pauli ad edictum.*

factum cuique suum nocere debet , non alteri
(1). Personne ne doit pouvoir , par sa
propre faute, se libérer de son obligation au préjudice de son créancier (2).

Si donc l'acheteur, mis en demeure de
venir assister au mesurage, et de prendre
livraison, n'a pas obéi, son retard doit
avoir pour effet de faire retomber sur lui
le péril des marchandises, de la même
manière que si elles lui avaient été livrées.
Le vendeur n'aurait-il pas été, en effet, déchargé des risques si l'acheteur avait satis-
fait à la sommation ? (3)

Cependant M. Troplong s'exprime ainsi
sur cette question (Vente, t. 1, p. 130) :
« Si la chose a péri depuis la mise en
demeure, on ne peut pas dire que le risque
est passé sur la tête de l'acheteur, dès le
moment qu'il a dû prendre livraison. Car,

(1) L. 155 , *de reg. juris.*

(2) L. 91, § *Nunc videamus, de verb. oblig.* ff.

(3) V. Favre, *Rationalia*, l. 5, *de peric. et comm.*

comment l'acheteur pourrait-il être responsable du risque, puisqu'il n'y avait pas
encore vente parfaite, tant que le pesage,
le mesurage ou le comptage n'avait pas eu
lieu?... Le péril ne passe à l'acheteur que
lorsque la vente est parfaite, mais non pas
quand il y a vente non consommée. » M.
Troplong s'est mépris d'abord sur le caractère de la condition, ainsi que nous l'avons
démontré p. 145 ; il s'est laissé ensuite
entraîner par un caractère particulier à la
condition de dégustation, comme le prouve
la citation qu'il emprunte à Voët (1). Ce
jurisconsulte dit, en effet, que l'acheteur,
aurait-il laissé passer le jour fixé pour la
dégustation, sans y avoir procédé, ne supporterait pas le péril des marchandises,
parce que la vente n'est pas parfaite par le

_____

(1) *De peric. et comm.*, n.° 5, *in fine.*

seul accomplissement de cette condition par l'acheteur.

Nous disons *par le seul accomplissement de la condition par l'acheteur,* — *cùm utique,* ajoute le jurisconsulte, *gustus ad id proficiat, ut adhuc improbare liceat post degustationem, atque ità ab emptione cœptâ in totam resilire* (l. 34, *de contrah: empt.* ff.). C'est la raison de la décision de Voët. L'acheteur n'est-il pas, en effet, maître de cette condition et de ses effets? Son goût personnel étant exigé, il faut nécessairement le concours de sa volonté pour confirmer la vente, à tel point que son improbation efface même le contrat ; et sa résistance à une mise en demeure formelle n'est-elle pas déjà une attestation de sa désapprobation? Et d'ailleurs, qui sait si, après la dégustation, il aurait confirmé la vente? mais la condition du mesurage n'a aucun caractère pareil, la loi 34 *de contrah. empt.* le prouve suffisamment. On ne peut donc pas dire : « Si l'acheteur avait goûté le vin le jour indiqué , moi vendeur j'aurais été déchargé du péril , » parce qu'il faudrait encore qu'il l'eût approuvé.

Mais je puis dire : « Si l'acheteur avait procédé au mesurage du blé vendu , le jour indiqué, les risques auraient été à sa charge dès cette époque. »

On voit, par ce que nous venons de dire , combien il est important de distinguer les ventes faites en bloc des ventes au poids , au compte ou à la mesure.

Il ne s'élève pas de doute que la vente est faite *per aversionem* , en bloc , lorsque l'on vend, par exemple , tout le blé renfermé dans un grenier pour un seul et même prix. Mais toutes les espèces ne sont pas aussi simples , car il est des circonstances où la mesure est exprimée, quoique cependant cette expression ne puisse faire considérer la vente comme faite en bloc.

3

« Lorsqu'on vend pour un seul prix, dit
Pothier (1), non tant de mesures d'une
telle chose, mais une telle chose qu'on dit
contenir tant de mesures, la vente est faite
per aversionem. »

Il devient alors quelquefois nécessaire
de rechercher l'intention des parties, et
sans doute les formules que l'on pose pour
favoriser cette recherche ne peuvent avoir
rien d'absolu ni de complet, néanmoins
elles comportent l'utilité attachée aux règles
d'interprétation. Cela posé, nous adoptons
la formule que M. Duvergier a donnée en
ces termes (Vente, t. 1.er, p. 92) : « Il y
a vente en bloc, bien qu'il soit question,
dans l'acte, du poids, du compte ou de la
mesure, lorsque, d'après l'intention des
parties, le poids, le nombre ou la mesure
des choses vendues ne doit exercer aucune
influence sur la quotité du prix, et qu'il

---

(1) Vente, n.º 310. — Pour les principes ci-
dessus, v. 309.

n'y a point obligation pour le vendeur de parfaire le poids, le compte ou la mesure énoncée. »

Ces dernières expressions méritent d'être remarquées. Car M. Troplong, adoptant l'opinion de Pothier (Vente, n.° 92), veut que la vente ne cesse pas d'être en bloc, lors même que le vendeur serait obligé de parfaire la mesure indiquée. Il dit même, d'après ce jurisconsulte, que l'indication de la mesure n'a d'autre effet que de forcer le vendeur à faire raison de ce qui se trouvera en moins.

Nous ne pensons pas que cette opinion doive être adoptée, nous la croyons contraire au caractère même de la vente *en bloc*, que M. Duvergier (*loc. cit.*) établit ainsi : « L'expression vente *per aversionem*, que nous traduisons par vente *en bloc* et *en tas*, était employée, selon les interprètes du droit romain, pour exprimer que les parties avaient traité sans un exa-

men attentif des choses vendues , les prenant telles qu'elles leur apparaissaient au
premier coup-d'œil. *Venditio dicitur fieri
aversione quasi ab aversis , id est parùm
attentè considerantibus* , dit Pothier (*Pandect. , de peric. et comm. rei vend.*), *quasi
aversi quodammodo negotium contrahimus ,
re omni neque perspectâ neque exploratâ
benè* (Godefroi , 1. 62 , *de contrah. empt.
ff.*) (1). Or , cette manière de contracter
exclut la pensée que le prix fixé puisse
varier d'après le nombre , le poids ou
l'étendue des objets vendus, et que l'acheteur puisse exiger le poids , la mesure ou
le nombre accidentellement énoncés à
l'acte.

« Si le prix devait monter ou baisser
d'après le nombre de kilogrammes ou de
toises , évidemment chaque toise ou chaque
kilogramme aurait un prix distinct ; l

(1) Cujas se sert des mêmes termes (*Instit
de empt.* notes), et du mot *alea* pour interpréte
les mots *per aversionem* , (*obs. lib.* 8 , *cap.* 15.

vente serait donc faite au poids ou à la mesure.

« Si le nombre de toises ou de kilogrammes énoncés devait être exactement fourni pour un prix invariablement fixé, ce serait avoir indirectement établi un prix pour chaque toise, pour chaque kilogramme ; ce ne serait plus une vente en bloc (*v. infrà*), faite, selon l'expression de Cujas , *confusè et acervatim pretio insimul dicto , non in singulas res constituto.* »

M. Pardessus exprime la même opinion (Droit commercial, n.° 292).

Conformément à ces règles d'interprétation , nous déciderons avec M. Duvergier que dans l'espèce de l'arrêt cité par M. Troplong (*loc. cit.*), il n'y avait pas vente en bloc. En effet , un sieur Bonneau-Letang, manufacturier à Nevers , avait écrit à la maison Coffin, d'Orléans ,

de lui expédier un, *baril de* 100 *kilog.*
d'azur royal , conforme à un échantillon
que lui avait présenté un voyageur de cette
maison. Le baril d'azur fut expédié ; mais
le sieur Bonneau-Letang refusa de le
recevoir , soutenant qu'il *n'était point de
la même qualité* que l'échantillon. Cette
dernière circonstance fut l'origine du
procès ; et si, devant la cour de cassation,
on a argüé d'une prétendue violation de
l'art. 1585., c'était sans motif réel , car
le baril d'azur n'avait pas péri ; l'acheteur
se plaignait seulement qu'il ne fût pas
de même *qualité* que l'échantillon. La
cour de cassation n'avait donc pas besoin
pour repousser ce moyen, de rechercher
si la vente était faite en *bloc* ou au *poids*.
Quoi qu'il en soit, elle a cru devoir dire
dans son second considérant , que « la
marchandise n'avait point été vendue *au
poids*, mais par baril d'une *contenance
déterminée.* » (**J. p.**, t. 3, de 1830, p.

254. — Dall., 30, 1, 359). C'est précisément parce que la contenance était déterminée et *même fixée* (100 kilog.) qu'il
y avait vente au poids. Le sieur Bonneau
n'avait pas eu, en effet, l'intention d'acheter
précisément *un baril d'azur*, mais bien
plutôt 100 kilog. de cette marchandise.
Il ne pouvait avoir confiance que dans la
quantité qu'il avait stipulée, car il n'avait
pas contracté en présence du baril de marchandise, et s'il lui eût manqué quelques
kilogrammes de ce qu'il avait stipulé, il
aurait été sans doute en droit de les
réclamer. Alors les effets du contrat
devaient être les mêmes que s'il avait
acheté 100 kilog. d'azur à 10 fr. par
kilog. (Duvergier, *loc. cit.*, n.° 92).

Les ventes en bloc se font ordinairement *in rei presentiâ aut saltem re visâ;*
l'œil de l'acheteur a mesuré l'étendue
du corps, il a pu voir lui-même s'il
pouvait contenir la quantité que le ven-

deur lui donne. Le plus ou le moins
n'entre donc pas en considération de part
ni d'autre ; on traite sur le corps tel
qu'il est, et l'expression de la mesure
ne doit être considérée que comme un
supplément de démonstration. Le président Favre dit-il le contraire (*C. de
contrah. empt.*, *def.* 3, note 8) ? Non :
il ne condamne, dans cette circonstance,
le vendeur à parfaire la mesure indiquée
que lorsqu'en l'affirmant d'une manière
expresse il a eu l'intention de tromper
un acheteur ignorant (1). Réciproquement, si la contenance est plus grande,
le vendeur n'aura rien à réclamer, la
différence serait-elle assez considérable,
parce qu'il ne peut imputer qu'à lui
seul son erreur, il est censé connaître
l'étendue de sa chose. C'est avec ces conditions qu'il faut dire que l'indication de

---

(1) V. Favre, *Rationalia*, l. 13, § 14, *de act.
empt.* ff. --- Voët, *de contrah. empt.*, n.º 7.

la mesure est toujours faite en faveur de l'acheteur.

« La vente sera faite *à la mesure*, dit Pothier (Vente, n.° 310, 1.re règle), orsque le prix est expressément convenu pour chaque mesure, soit que le contrat porte qu'on vend tant de mesures de blé, qui sont contenues dans tel grenier, à raison de tant par mesure ; soit qu'il porte qu'on vend un tas de blé qui est dans un tel grenier, contenant dix mesures à raison de tant la mesure. Dans l'un et l'autre cas, la vente est faite à la mesure. Toute la différence est que, dans le premier cas, le surplus de ce qui se trouverait au-delà de dix mesures n'est pas vendu, au lieu que dans le second cas, tout le tas de blé est vendu, quoiqu'il se trouve plus de dix mesures. »

Le 1.er membre de cette règle est fondé sur le § 7 de la loi 35, *de contrah.*

empt. ff. ; et le second, sur le § 5 de la même loi.

Les mêmes principes sont applicables lorsque la vente a pour objet des choses qui s'estiment au compte ou au poids (§ 6, *d. l.*). Les choses qui s'estiment au compte sont considérées comme choses de *quantité*, et cependant elles ont ordinairement par- elles-mêmes *certam finitionem*. C'est ainsi que Gaius (*d.* §) considère comme chose de quantité les diverses têtes qui composent un troupeau, quoique le mot *etsi* manifeste quelque doute de sa part. Mais voici la raison de cette décision : un troupeau est considéré comme un corps, et s'il est vendu *universaliter*, il n'y aura pas plus de distinction à faire que si on avait vendu tout autre corps certain, et la vente sera parfaite aussitôt le prix convenu. Mais si j'achète, par exemple, dix têtes à prendre dans votre troupeau, les individus ne sont pas encore

déterminés, la quantité seule est déterminée ; il n'y a, en un mot, qu'une stipulation de quantité, qui consiste *in numero*.
Si je ne me suis pas réservé le choix,
vous devrez me donner, non les meilleures
ni les plus mauvaises têtes, mais celles
de moyenne qualité. De même, si vous
m'avez vendu votre troupeau à tant par
tête, le prix restera indéterminé jusqu'à
ce que le nombre même soit déterminé.

Voët (*de peric. et comm.*, n.º 4) n'admet
qu'avec une distinction l'opinion de Pothier ;
il veut bien que l'on considère comme vente
de *quantité* celle qui a pour objet une *partie*,
par exemple 100 mesures à prendre dans
un tas de blé, *quia tunc*, dit-il, *ante
admentionem sciri nequit, quæ pars vendita
intelligatur*. Mais, suivant lui, il n'y a
pas vente de quantité lorsque l'on vend tout
le tas de blé à raison de tant la mesure.
Ce serait une vente de corps certain, et
la stipulation du mesurage ne devrait

pas être considérée comme une condition suspensive des effets de la vente, mais seulement *ut quædam demonstratio quantitatis rei purè plenèque distractæ*, et alors même, avant le mesurage, le péril est à la charge de l'acheteur.

Charondas enseigne la même opinion (Réponses du droit français, liv. 9, rép. 30, p. 345. — M. Troplong, Vente, 1, p. 122). « Un marchand, dit-il, achète tout le vin étant dans deux cuves, après l'avoir goûté et être convenu du prix à une certaine somme par chaque muid. Étant venu quelque temps après pour faire l'enlèvement, il trouve le vin gâté et corrompu par l'effet des orages qui avaient régné pendant toute la saison. Il déclare ne pas vouloir du liquide. Le vendeur répond que c'est une vente *per aversionem*. La mesure *n'est pas pour le perfectionnement de la vente, mais pour la certification du prix.* Par arrêt du parlement de Paris, du 15 juillet 1560, il fut jugé que l'acheteur prendrait le vin. »

Si l'on achète, dit enfin M. Treilhard, (Discussion au conseil-d'état. — M. Camba-cérès a partagé son opinion. V. Fenet, t. 14., p. 121), tout ce qui se trouve dans un magasin *à raison de tant la mesure*, il ne reste d'incertitude que sur la *quotité* : la chose et le *prix* sont déterminés.

Malgré ces autorités, dit M. Troplong (*loc. cit.*, p. 124), après les avoir rap-portées textuellement, l'opinion de Pothier me semble préférable ; d'abord parce qu'elle peut s'appuyer sur un texte positif (*d. l.*, 35, § 6), ensuite parce que, quoi qu'en dise M. Treilhard, le prix est incer-tain tant que le mesurage n'a pas fait connaître le détail de la quantité vendue. Or, l'incertitude dans le prix rend la vente conditionnelle lorsque, pour passer de l'incertain au certain, il faut remplir une condition telle que celle du comptage, du mesurage ou du pesage. C'est aussi sous ce point de vue que Pothier a envisagé le contrat ; ce qui le frappe, en cette partie, dans un cas pareil, c'est l'incertitude du prix (Vente, n.° 309. — V. Duvergier, n.° 90), et cet aspect de la question paraît n'avoir pas été saisi par Voët. Charondas l'a entrevu ; mais il me semble qu'il se trompe, quand il croit que la *certification* du prix est inutile pour le perfectionnement de la vente. L'incertitude dans le prix rend la vente conditionnelle, tout aussi bien que l'incertitude dans la chose. (Suit le passage du même auteur rapporté p. 155. — V. au même lieu ce que nous avons dit sur le même sujet.)

Brunnmann (l. 5, *de peric. et comm.*, n.° 5, ff.) considère aussi, d'après Lauterback, comme vente de *quantité*, — *licèt universum venditum*, *quod in cella est*, *ad mensuram tamen* (V. aussi Cujas, *C. eod. tit.*).

Enfin , lorsqu'on vend , dit Pothier (2.ᵉ règle, n.ᵒ 310), tant de mesures d'une telle chose , la vente ne laisse pas d'être censée faite à la mesure, quoique les termes du contrat n'expriment qu'un seul prix ; comme lorsqu'il est dit qu'on vend dix mesures de blé pour 500 fr., ce prix étant censé n'être que le total des prix pour lesquels chaque mesure est vendue. *Non interest*, dit Gaïus (1. 35, § 7, *de peric. et comm.* — V. aussi Favre, *Rationalia*, d. l.*) , unum pretium omnium centum metretarum in semel dictum sit, an in singulas metretas.*

CHAPITRE III.

DES CHOSES QUE L'ON EST DANS L'USAGE DE GOUTER.

———=⊰⊱=———

« A l'égard du vin , de l'huile, dit l'art. 1587 , et des autres choses que l'on est dans l'usage de goûter avant d'en faire l'achat , il n'y a point de vente tant que l'acheteur ne les a pas goûtées et agréées. »

Les choses que l'on est dans l'usage de goûter sont encore certainement de la classe de celles *quæ non habent per se certam finitionem ;* néanmoins il ne s'agit plus ici de les apprécier sous le rapport de leur *quantité* , mais seulement sous le rapport de leur *qualité.* Aussi devient-il indifférent de les considérer ou non en bloc, ou comme choses déterminées ou indéterminées. En effet, ce qui distingue

principalement cette espèce des précédentes, c'est que ces choses, seraient-
elles vendues en bloc, formeraient-elles
un corps certain, ne passeraient pas immédiatement, et par le seul effet du contrat,
dans la propriété de l'acheteur , et il
en sera ainsi jusqu'à ce que leur qualité
ait été appréciée et agréée. La rédac-
tion de l'art. 1587 suppose d'abord que
l'objet consiste en quelque chose de déterminé, et, d'autre part, les *corps seuls*,
et non les *quantités* , sont susceptibles
de *qualités*, parce que la qualité, dérivant de la substance même de la chose,
on ne saurait reconnaître une substance
à une *quantité*. — *Qualitas*, dit Cujas (L. 6,
de reb. cred., lib. 28, *Pauli ed edictum*),
*adjicitur speciei, quæ datur, quæve redditur,
non quantitati : quantitatis qualitas non
dicitur, quantitatis qualitas dici non potest.
Qualitas enim , ut præceptor sapientûm*

docèt, *fluit à substantiâ*. Sans doute vou.
pourrez stipuler qu'on vous livrera *tan*
d'hectolitres de blé de telle qualité, l'obje
alors ne sera déterminé que par son espèce
et sera indéterminé en lui-même, alor:
la quantité seule sera déterminée et certaine, et cependant la stipulation de
qualité ne doit point lui être attachée
mais seulement aux choses particulière:
et déterminées qui doivent *réaliser* la quan
tité. Ce n'est qu'au moment de cette réalisation que la stipulation de qualité peu
produire effet, parce qu'alors seulemen
la qualité peut être vérifiée.

Nous avons établi quels sont les caractères de l'objet,; allons plus loin :

Cet objet peut être d'une nature telle
que l'on soit dans l'usage de n'en pa:
faire l'acquisition sans en avoir préalablement apprécié la *qualité*. Et cet usage
peut devenir si général, que le législateur
ait cru nécessaire de considérer cette

appréciation comme une condition tacite-
ment attachée à son acquisition. Le législateur n'a pas precisé quelles étaient les
choses soumises à une pareille condition,
et il ne pouvait le faire, puisqu'il s'en
référait aux usages locaux à cet égard,
c'est-à-dire à une base variable suivant les
localités. Le droit français et le droit
romain ont donné à cette condition un
caractère différent : elle est, dans notre
droit, tacite et toujours présumée ; dans
le droit romain, au contraire, quoiqu'il
fût difficile, ainsi que le remarque Ulpien
(L. 4, *de peric. et commodo*), de penser que
quelqu'un pût acheter, par exemple, du
vin, sans le goûter, cependant il fallait
que cette condition fût expresse, c'est-à-
dire formellement réservée par l'acheteur.
Refert multùm, dit Nood (*de peric. et com-*
modo rei vend.), *in vinis et aliis quæ degustari*
solent, utrùm convenerit de gustatione, an
non. Scio difficile esse ut quis emat vina

non gustata. Sed quid vetat hoc fieri emptoris socordiâ aut negligentiâ? (V. **M.** Troplong, n.° 96.)

La condition de dégustation est suspensive dans ses effets, et, pendant son existence, la vente restant imparfaite, les périls seront à la charge du vendeur. Nous disons la vente *imparfaite*, et cependant l'article 1587 veut qu'alors il n'y ait pas même de *vente*. Mais le législateur n'aurait-il pas voulu traduire par ces mots ce principe dont nous voyons des applications dans les lois 17, *C. de fide instrum. et penult. C., de his quæ ut indign.*, et que le président Favre a reproduit ainsi (L. 34, § 5, *de empt. et vend.* ff.) : *In omnibus conventionibus et in emptionibus quoque generale est, ut nihil actum videatur, quamdiù agendum aliquid superest.* En effet, personne ne dénie qu'il n'y ait un lien obligatoire de la part du vendeur, et nous, nous croyons même qu'il y a *commencement* de vente (1). Celà ne faisait aucun doute dans l'ancien droit (V. Pothier, Vente, n.º 311); et si l'expression *il n'y a point de vente*, de l'art. 1587, semble protester contre cette opinion, souvenons-nous aussi que ces mots ne peuvent avoir maintenant la même signification qu'ils auraient eue autrefois. En effet, dans l'ancien droit, la vente ne produisait qu'un lien obligatoire, et l'expression *il n'y a point de vente* aurait signifié qu'il n'y avait pas même d'obligation. Aujourd'hui la vente a un effet translatif de propriété, et ne peut-on pas croire que le législateur, ne considérant que l'effet ordinaire du contrat, a voulu, par ces mots, dire seulement qu'il n'y avait pas encore trans-port de la propriété?

MM. Delvincourt (t. 3., p. 126, notes) et Troplong (Vente, n.º 97), argumentant

_____

(1) Voët se sert de ces mots *emptione cœptâ* (*de peric. et commodo*, n.º 3, *in fine*).

des termes de l'art. 1587 veulent, au contraire, qu'il n'y ait pas même de vente *conditionnelle*. Mais la citation empruntée à Ulpien (L. 1, *de peric. et comm.*) par ce dernier jurisconsulte, bien loin d'être un appui, est contraire à une pareille opinion. La vente sera seulement encore plus imparfaite que celle faite au poids ou à la mesure. C'est ce que le jurisconsulte Paul a voulu dire par ces mots : *Alia causa est degustandi, alia metiendi. Gustus enim ad hoc proficit, ut improbare licet. Mensura verò non eo proficit, ut aut plus aut minus væneat, sed ut appareat quantum ematur* (L. 34, § 5, *de contrah. empt.*). L'improbation de l'acheteur n'intervient même régulièrement qu'après la dégustation, *degustato et improbato vino* (1). Aussi le vendeur a-t-il incontestablement le droit de mettre l'acheteur

_____

(1) *Ab illâ (venditione) recedere emptori licet, in totum vel ex parte degustato et improbato vino.* (Cujas sur le même § 5, *Pauli ad edict.*, lib. 33.)

en demeure de procéder à cette dégustation : la condition n'est donc pas purement potestative de la part dē l'acheteur (1), puisqu'il est tenu de procéder à un fait. Sans doute, s'il refuse d'y procéder, le vendeur ne devrait pas poursuivre l'exécution du contrat, car il le ferait inutilement, même malgré une mise en demeure préalable, l'acheteur étant toujours à temps d'improuver les marchandises (2) ; à moins que, suivant conventions expresses, il n'ait dû manifester son improbation dans un délai fixe, sous peine de voir déclarer et exécuter la vente comme si elle était pure et simple.

(1) La vente n'est pas soumise *mero arbitrio emptoris. Nam emptio potest conferri in arbitrium emptoris, quasi in conditionem.... Ità rectè fiet emptio sub conditione, si intrà calendas res tibi placuerit. At propalàm non potest conferri in arbitrium emptoris : sic, si volueris, emptum habeto.* (Cujas, sur la L. 13, *C. de contrah. empt., recit. solemn.*)

(2) V. p. 199 pourquoi l'exécution ne peut être poursuivie, et à quels dommages néanmoins l'acheteur peut être condamné.

Nous croyons donc avec M. Duvergier (n.⁰ˢ 96 et 97. — V aussi Duranton, Vente, n.⁰ 93) que la vente sous condition de dégustation doit être assimilée à la vente faite à l'essai. M. Grenier , dans son Discours au tribunat (Locré , t. 14 , p. 233), le dit formellement. (V. cependant *contrà*, outre les auteurs déjà cités , M. Portalis , *eod. loc.* p. 147. — Un arrêt de la cour de Metz ; Sirey, 27, 2, 179).

L'accomplissement de la condition de dégustation dépend-il entièrement du goût privé de l'acheteur, ou bien doit-on prendre pour règle le goût d'experts jurés ? Les jurisconsultes romains permettaient , il est vrai , à l'acheteur d'improuver la marchandise après l'avoir goûtée ; cependant , ils ne lui laissaient pas à cet égard une liberté pleine et entière, dont l'exercice aurait pu être contraire à la bonne foi qui devait présider au contrat de vente.

L'*arbitrium emptoris* pouvait, en effet, s'entendre de deux manières : *pro pleno, mero et libero, et pro boni viri arbitrio.* Dans le premier cas, le vendeur aurait été obligé de subir la volonté capricieuse de l'acheteur ; dans le second, il ne devait y déférer que dans le cas où elle aurait été reconnue loyale. En l'absence d'une précision formelle, *l'arbitrium emptoris* devait s'interpréter *pro boni viri arbitrio*, puisqu'il s'agissait d'un contrat de bonne foi (V. Cujas sur la loi 22, § 1, *de reg. jur.*, ff.). Aussi ce jurisconsulte, à la suite du passage ci-dessus cité (*lib.* 33, *Pauli ad edict.*, § *alia causa*), ajoute-t-il ces expressions restrictives : *arbitratu boni viri.... ne sit in emptoris libero et profuso arbitrio an vinum emptum habeat.*

Nous ne devons plus chercher aujourd'hui la solution de la question dans l'opposition des contrats *stricti juris* avec les contrats *bonæ fidei*. La bonne foi est requise dans tous les contrats, et cependant il est des circonstances où l'on a cru devoir s'en remettre pleinement et entièrement au goût privé de l'acheteur. L'art. 1587 en présente un exemple. Et, en effet, quand j'achète du vin pour ma consommation et celle de ma famille, je ne cherche qu'à satisfaire mon goût privé ; et comme entre les divers goûts il n'y a pas de base fixe, il y aurait presque toujours de l'injustice à m'imposer pour règle le goût d'un tiers, serait - il même très expert dans cette partie. Aussi, à moins de stipulation expresse ou d'une intention manifestement contraire, le goût privé de l'acheteur doit-il être la seule règle.

Cependant il est d'usage de restreindre l'application de cette règle aux ventes purement privées. En effet, dans les ventes

commerciales on a cru devoir conserver
l'appréciation *romaine* , l'*arbitratus boni
viri*. Car , lorsque j'achète du vin pour le
revendre, je recherche moins la satisfaction
de mon goût privé que la qualité intrinsè-
que de la marchandise, il suffit que la liqueur
soit *loyale et marchande*. Cette base d'appréciation n'a rien de personnel à l'acheteur , aussi peut-elle être constatée par des
tiers experts en cas de contestation.

Il est même des circonstances où le goût
privé de l'acheteur ne doit pas faire la
règle , le vin serait-il acquis pour sa consommation personnelle. En effet, si je
charge le voyageur d'une maison de commerce de me faire expédier tant d'hectolitres de vin de telle année et de tel clos ,
je me suis évidemment engagé à les recevoir et agréer , si le vin était loyal et marchand. Comment supposer que , dans une
pareille circonstance , l'acheteur se soit
réservé la faculté de refuser la marchan-

dise, si elle ne satisfaisait pas son goût privé ? et comment croire que le vendeur ait pu accepter une pareille condition ? Il y a donc engagement, tacite, il est vrai, mais, néanmoins, certain de m'en rapporter à l'appréciation d'experts en cas de contestation. Ce serait de même des experts qui devraient décider si le vin expédié est de même qualité que l'échantillon (V. sur ce sujet M. Troplong, Vente, n.ºs 99 et 100. — M. Duvergier, n.º 101. — M. Duranton, t. 16, n.º 93. — Merlin, *verbo* Vente).

Enfin, il arrive souvent, dit M. Duranton (Vente, n.º 95), qu'un propriétaire vende, à l'approche des vendanges, le vin qu'il va faire, à tant la pièce; et cette vente est tout aussi bonne et obligatoire pour chacune des parties qu'une vente ordinaire, pourvu que le vendeur ne laisse pas forcer le vin en cuve, et qu'il ne lui laisse pas contracter quelque mauvais goût, en le mettant dans de vieux tonneaux. Mais quoique le vin fût de bas crû, ou de bien faible qualité, à raison de ce que la saison n'aurait pas été favorable, la vente ne serait pas moins bonne, parce que celui qui a acheté connaissait ou devait connaître la qualité des vins de ce terroir, et prévoir quelle serait celle des vins de cette localité. La vente est, en effet, aléatoire sous le rapport de la qualité de la chose.

Que la marchandise doive satisfaire le goût privé de l'acheteur ou bien le goût commun, vérifié par experts : le péril restera, dans l'un et l'autre cas, à la charge du vendeur jusqu'à la vérification, parce que, dans l'un et l'autre cas, la vente est suspendue par une condition et la propriété n'est pas transférée (V. Metz, 20 août 1827. — V. cependant p. 202).

Il est donc très important pour le vendeur que la vérification de la marchandise soit faite. S'il n'a pas été fixé de délai à cet

effet, le vendeur ne sera pas obligé d'at
tendre le bon plaisir de l'acheteur, et i
pourra le constituer en demeure par un
sommation portant qu'il sera procédé te
jour à la dégustation, qu'à défaut par lu
de le faire ou de le faire faire, le march
sera exécuté purement et simplement, e
de la même manière que s'il avait agréé l
marchandise, ou bien que le vendeur ser
libéré de toute obligation envers lui.

S'il a été fixé un délai, et que l'acheteu
l'ait laissé passer, la résolution aura lie
de plein droit et sans sommation au profi
du vendeur (Arg. de l'art. 1657, C. civ.)

Le vendeur est-il libre de ne pas fair
valoir cette résolution, lorsqu'elle est con
traire à ses intérêts? En effet, le vin peu
venir à périr le lendemain du jour fixé pa
la convention ou la sommation, et alor
il serait de l'intérêt du vendeur de rejetc
les dommages de la perte sur l'acheteur
Le pourra-t-il? Nous résoudrons cette ques

tion par une distinction : Si l'approbation
de la marchandise dépend du goût privé de
l'acheteur, le péril ne devra pas retomber
sur lui, parce que la perfection de la vente
ne dépendait pas seulement de la dégustation, mais encore de l'approbation qui doit
la suivre (Voët, *de peric. et comm. rei
vend.*, n.° 3, *in fine*). Et alors, en supposant même que l'acheteur ait obéi à la mise
en demeure, comment pourrait-on certi-
fier qu'il aurait approuvé la marchandise ?
sa résistance, bien loin de faire présumer
cette approbation, accrédite une présomption toute contraire. Néanmoins, il peut y
avoir lieu à des dommages-intérêts contre
l'acheteur, car il n'était pas sans obligation
envers le vendeur. En effet, quelque pleine
que fût sa liberté après la dégustation, il
était cependant tenu d'y procéder et de se
résoudre ensuite d'après sa conscience ; ne
l'ayant pas fait, les juges pourraient le
condamner à des dommages évalués sur

l'intérêt que le vendeur aurait eu au jour fixé que la vente fût parfaite. La vente a pu, en effet, être faite à un prix plus élevé que le prix courant ; par suite de la résistance de l'acheteur, les marchandises ont pu rester plus long-temps dans les magasins du vendeur, etc.

Si la perfection de la vente ne dépendait pas du goût privé de l'acheteur, mais du goût commun vérifié par experts convenus ou nommés d'office, et que, cette vérification ayant eu lieu au jour indiqué, la marchandise ait été trouvée loyale et marchande, nous considérerons la vente comme parfaite, et le péril qui pourra lui survenir restera à la charge de l'acheteur. En effet, on ne peut plus dire avec Voët que l'approbation de l'acheteur serait encore incertaine en supposant qu'il ait été procédé à la dégustation, puisque ce n'est plus son goût privé qui doit faire la règle. Il ne s'agissait que de vérifier la qualité même de la marchandise, et si elle a été reconnue conforme aux prescriptions de la convention, la condition sera accomplie. (V. cependant M. Troplong, n.° 101.)

Le fait de la dégustation peut être constaté par des preuves directes, la plupart du temps il ne s'induit que de présomptions. Si j'ai acheté d'un individu tant d'hectolitres de vin, et que, les ayant fait enlever et transporter dans mon magasin, je vienne à les trouver de mauvais goût, je ne pourrai obliger le vendeur à les reprendre. Il est, en effet, probable que si j'ai pris livraison, c'est parce que la marchandise me convenait, c'est parce que j'en avais apprécié la qualité.

Il est sans doute des circonstances où l'on pourrait établir que, malgré la livraison, la dégustation n'a pas eu lieu, mais alors ce fait établit une preuve de confiance de la part de l'acheteur envers le vendeur, et donne à présumer qu'il a renonoé à cette vérification.

Cependant lorsque je ne prends pas livraison en personne ou par mandataire, mais que j'écris, par exemple, à une maison de Bordeaux d'expédier, en mon nom et à mes frais, un hectolitre de vin de telle qualité, je suis censé m'être réservé la vérification de cette qualité. J'ai pu prendre livraison à Bordeaux, et la marchandise a pu voyager à mes périls et risques, mais c'est sous la condition qu'elle serait telle que je l'avais demandée. Si elle a péri entièrement, on doit présumer que le vendeur a rempli loyalement son obligation ; si elle n'a péri qu'en partie, des experts vérifieront si ce qui reste est de la qualité demandée (V. M. Troplong, n.º 101, et M. Duvergier, n.º 106).

L'acheteur est-il censé avoir goûté et agréé le vin lorsqu'il a marqué de son chiffre les tonneaux qui le contenaient ?

Cette même marque équivaut-elle à la tradition ?

Ces deux questions ne doivent pas être confondues : de la solution de la première dérive la règle d'attribution du péril ; de la seconde, l'attribution de la propriété généralement envers et contre tous. La perfection de la vente forme l'objet de la première question, la consommation de la vente forme l'objet de la seconde.

Voici ce que Charondas dit sur la première question (liv. 7 , chap. 77 , p. 222) :

« Un marchand achète plusieurs muids de vin, moyennant un certain prix pour chaque muid dont il baille les arrhes et marque lesdits muids. Quelque temps après, il goûte lesdits muids qu'il trouve gâtés et ne les veut prendre. Le vendeur maintient qu'il les a achetés, et comme siens les a marqués, et partant que c'est à l'acheteur à porter le dommage. L'acheteur allègue toutes les raisons du droit romain, qu'il n'est tenu du danger *ante degustationem et mensuram*, etc.

« J'ai répondu que le vin qui est dans les muids ne se vend en France, comme à Rome, *in doliis ut undè vinum effundatur, sed videtur potiùs aversione vendi*; — tellement qu'il est à présumer que l'acheteur a goûté lesdits vins et s'est contenté, dès lors qu'il les a marqués. — *Vinum in specie emit.*

« Et est de cette opinion Paul de Castre, *in. leg. 2, C. de peric. et comm.*, avec plusieurs autres docteurs, laquelle est plus probable selon la pratique de France, parce qu'on n'y vend le vin à la mesure, mais bien à la pièce. Ainsi fut jugé contre l'acheteur par arrêt du 11 mai 1548. »

M. Troplong (Vente, n.° 103) critique avec raison l'opinion de Charondas en ce qu'il voit dans l'espèce une vente *per aversionem*. « Il est certain, dit ce jurisconsulte, qu'une vente de tant de muids de vin, à tant le muid, est une vente dont la perfection dépend du mesurage. »

Il approuve avec la même raison l'opinion de Charondas, qui considère la vente comme parfaite par l'apposition du signe de l'acheteur : « aurait-il pris une pareille précaution pour des tonneaux dont il n'aurait pas vérifié le contenu par une dégustation préalable ? »

Mais l'apposition de la marque équivaut-elle à la tradition ? Sans examiner ici cette question qui se présentera plus tard (v. *propriété mobilière*, t. 4, *tradition*), remarquons que Charondas a seulement voulu établir que la vente était parfaite et qu'alors les périls étaient à la charge de l'acheteur. L'art. 142 de la Coutume d'Auxerre, que M. Troplong cite dans sa discussion, ne prouve rien autre chose, car il est ainsi conçu : « Et après le vin vendu, bien et dûment rempli

pour une fois , en présence du marchan
et courtier , ne sera tenú le vendeu
y fournir par après ni bailler autre rem
plage....... après qu'il aura été marqué
mais demeurera dès lors au péril et fortun
du marchand acheteur, *supposé qu'il so*
encore en cave et possession du vendeur.
Quel est ici l'effet de la marque ? c'es
de faire présumer que l'acheteur *a goût*
et agréé le vin, c'est de faire considére
la vente comme parfaite et conséquemmen
de faire rejeter *le péril* sur l'acheteur
Mais là sont bornés ses effets , elle n'es
pas considérée comme équivalente à l
tradition , puisque la *possession rest*
encore entre les mains du vendeur.

Ulpien (L. 1, § 1, *de peric. et comm.*
ne considérait pas , il est vrai, la marqu
apposée par l'acheteur sur les tonneau:
comme un signe de la dégustation : nou
croyons que c'est avec raison que l'oi
suit un usage contraire en France. Mai

la dégustation aurait-elle été faite, que cette marque n'aurait pas été équivalente à la tradition (1). M. Troplong semble voir une antinomie entre la loi 1, § 1, et la loi 14, § 1, *de peric. et comm.*, ff. — Paul veut, dans cette dernière loi, que la marque apposée par l'acheteur sur des poutres équivaille à la tradition, Trebatius voulait qu'il en fût demême lorsque la marque était apposée sur des tonneaux (*d. l.* 1, § 1); mais Ulpien, d'après Labéon, rejette cette opinion et considère la marque, en cette circonstance, comme destinée seulement à prévenir un changement. Et les commentateurs ont dit, pour concilier ces deux lois, que dans l'espèce de la loi 14 on ne peut expliquer l'action de l'acheteur, si ce n'est par l'intention qu'il a

---

(1) Cujas, sur la L. 74, *de contrah. empt.*, lib. 1.er, *definit.* Papin. — Le § *si dolium* s'applique même au cas où la dégustation a été faite. V. Cujas, *loc. cit.*

euc de prendre livraison, tandis que,
dans l'espèce de la loi 1.re, § 1, on
peut donner à la marque qu'il a apposée
une tout autre raison (V. Cujas, *loc.
cit.*). Ils motivent même le genre de
tradition mentionné à la loi 14 sur ce
qu'il s'agit de choses (*trabes*) dont le
déplacement est difficile ; Pothier annote
en effet ainsi cette loi (*Pandect.*, lib. 18,
tit. 6, § 1, n.° 10) : *In rebus quæ non
facilè moventur, obsignatio pro traditione
est; secùs in his quæ facilè moventur;*
et il renvoie à la loi 1.re — M. Troplong
ne regarde pas cette explication comme
suffisante : « Les vaisseaux vinaires, dit-il
(*loc. cit*, p. 153), que les Romains appe-
laient *dolia*, étaient fort grands, et s'en-
fouissaient en terre, comme Pline l'Ancien
nous l'apprend. » Mais il est évident que
la marque ne pouvait avoir pour objet
que la marchandise qui était dans ces
vases, chose de sa nature très tanspor-

table et facile à changer, la tradition de ces vases était en dehors de la question, puisque régulièrement ils n'étaient pas considérés comme des accessoires de la liqueur vendue (*L. ultim. de peric. et comm.* — Cujas, *Observ.*, *lib.* 2, *cap.* 36).

Si la vente avait pour objet une chose déterminée, par exemple le vin renfermé dans votre cave, et que la marchandise ait été rejetée par moi, s'il s'agit de mon goût personnel, ou par des experts, s'ils avaient été établis juges à cet égard, la vente n'aura plus aucun effet. Mais si j'ai acheté de vous et d'une manière générale tant d'hectolitres de vin de telle contrée, ce sera une vente de choses *in genere*; et n'ayant rien précisé sur la qualité, vous devrez me fournir du vin de qualité moyenne. La nature de la convention établit suffisamment que je ne me suis pas réservé mon goût privé

***

comme unique règle. Et si le vin est reconnu de qualité trop inférieure, je pourrai exiger que le vendeur m'en fournisse de l'autre. En effet, cette espèce est bien différente de la précédente. Dans la première, mon refus laisse le contrat sans objet; dans la seconde, cet objet subsiste toujours, puisqu'il s'étend à l'espèce, et qu'alors il y a possibilité et devoir de la part du vendeur de satisfaire à son obligation (1).

_____

(1) V. M. Duvergier, n.º 109, et la critique qu'il fait d'un arrêt de la cour de Metz; Sirey, 27, 2, 179.

TABLE ALPHABÉTHIQUE

DES MATIÈRES.

Nota. Les numéros supérieurs à 55 désignent les pages.

fortuite . 45. -- Par la communication de l'animal avec d'autres affèctés du même vice, 46. -- Par la renonciation de l'acheteur (V. *Compe-tence*).

ANIMAUX. — Quels sont ceux susceptibles de vices rédhibitoires, 12. -- De leurs vices particuliers, 20, 21 et 24. -- Des animaux achetés pour la boucherie , 55.

BLÉ. -- V. *Choses de quantité.*

BOUCHERIE. -- V. *Animaux.*

CHOSES -- *in genere*, *in specie*, 128, 136. --- Application à une vente de vin, 209, 210. -- Comparaison avec les choses de quantité, 152, 153.

CHOSES -- nominativement désignées, 111. --Dési-gnées seulement par leur espèce , 111 et suiv.

CHOSES -- qui s'estiment au poids, au compte ou à la mesure, 127 et suiv.

CHOSES -- de *quantité*, 128, 137, 178. --- Elles sont certaines par la fixation du nombre, 139. --- Le corps qui doit les remplir ne devient cer-tain que par le mesurage , 139. -- Choses *quæ corpore valent*, 128. --- Conséquences, 128 et suiv. --- Quant à la substitution des unes aux autres, 129. --- A la délivrance, 130. --· A la division, 131. --- A l'obligation du paiement, 132. ---· Au péril, 133, 143, 144, 151, 179. --- A la transmission de la propriété, 135, 157, 160 et suiv. --- Les· choses de *quantité* se précisent par le mesurage, 155, 160, 161. --- Quelle obligation produit leur vente, 163 et suiv. --- Choses qui s'estiment au *compte*, 178.

CHOSES --- que l'on est dans l'usage de goûter , 184 et suiv. --- Leur différence avec les choses

En Vente, chez **PASSOT** *et* **PONCET**, *éditeurs, rue Duphot, 17, à Paris :*

LE

TRAITÉ DE LA PROPRIÉTÉ MOBILIÈRE,

Suivant le Code civil,

PAR LE MÊME AUTEUR.

2 *vol. in-*8° : 13 *fr.*

Couverture imprimée, papier collé pour les notes.

Nous ne saurions mieux recommander cet important ouvrage à MM. les avocats, avoués et notaires, qu'en leur donnant un extrait de l'opinion qu'ont formulée à cet égard les savans continuateurs du *Code civil*, MM. DUVERGIER et TROPLONG ; l'auteur du *Traité de législation et de jurisprudence*, M. HENNEQUIN ; celui de l'*Esprit de jurisprudence*, M. FOUET DE CONFLANS ; et les rédacteurs du *Dictionnaire de procédure civile et commerciale*, MM. BIOCHE et GOUJET.

M. BIOCHE. — Le Code civil, depuis Delvincourt jusqu'à MM. Troplong et Duvergier, a été l'objet de plusieurs cours ou commentaires généraux.

M. Proudhon, sous le titre modeste de *Traité de l'usufruit*, a trouvé le moyen d'approfondir les questions les plus graves des diverses parties du Droit civil.

Voici venir un nouvel ouvrage dont le cadre est différent : les choses n'y sont plus envisagées sous le rapport principal des droits de propriété ou d'usufruit auxquels elles sont soumises, mais d'abord sous le rapport de leur nature mobilière ou immobilière. L'auteur, prenant pour point de départ la même branche de cette division des biens, examine successivement, et d'une manière approfondie, quelles sont les dispositions dn Code civil et des lois spéciales qui régissent les meubles.

Cette classe de biens, depuis l'établissement des offices, depuis les progrès de l'industrie, des sciences et des arts, a acquis une grande importance. Les modifications que la législation est à la veille de subir, notamment sur la propriété littéraire, les questions nées de l'établissement des sociétés par actions, donneront un nouveau degré d'intérêt au *Traité de la Propriété mobilière.*

M. Fouet de Conflans. --- J'ai lu avec soin, malgré mes nombreuses occupations, l'ouvrage de M. Chavot. Ce premier essai d'un jeune homme est vraiment un coup de maître ; et je n'aurais pu croire qu'on pût arriver si tôt à la hauteur des idées contenues dans ce livre, acquérir une méthode aussi large et une telle science de droit.

Il appartenait à un jurisconsulte aussi savant et d'un jugement aussi sûr que l'auteur du travail que vous m'avez confié, de refondre cette matière, et d'apprécier les décisions diverses auxquelles elle a donné lieu, de manière à en faire un ouvrage aussi instructif qu'intéressant. Je crois pouvoir vous dire qu'il a réussi. — Quelques simples que sembleraient devoir être les principes qui distinguent les *choses mobilières* de celles qui ne le sont pas, on est étonné du nombre des difficultés qu'ils présentent à résoudre sur des points tous des plus usuels : les distinctions à faire entre les meubles meublans, et ceux à qui l'on doit refuser cette qualification, embarrassent souvent en matière de dons ou de legs ; les différentes manières d'acquérir la propriété des choses mobilières, soit celles réputées principales, soit celles accessoires, donnent lieu aux développemens les plus curieux et les plus nécessaires à connaître. La matière a donc été bien choisie et doit appeler l'attention du public.

Les recherches considérables auxquelles s'est livré l'auteur de cet ouvrage l'ont mis à même de citer un grand nombre de passages des principaux jurisconsultes ou publicistes qui se sont occupés particulièrement de cette matière, et il discute avec chaleur et sagacité leurs opinions diverses. Je n'ai trouvé que peu d'occasions où

je n'aie pas été entièrement de son avis, et, selon
moi, il a relevé bien des erreurs dans des traités
cependant fameux. Il me semble impossible que
le public ne lui en sache pas un très grand gré,
dès qu'il aura été à même de connaître cette
œuvre destinée à un véritable succès.

M. HENNEQUIN. — J'ai reçu et lu avec le senti-
ment d'une vive satisfaction l'ouvrage que vous
m'avez adressé. — J'ai reconnu que vous savez
recourir aux bonnes sources et que vous aimez
les hautes études. — Je ne pourrai que vous
engager à vous maintenir et à vous avancer
dans la route que vous venez de vous ouvrir.

M. TROPLONG. — Le *Traité de la Propriété mobilière*,
au premier coup-d'œil que j'y ai jeté, m'a paru
aussi intéressant par le sujet *que par la forme*. Je me
propose de l'étudier avec soin, et je suis assuré
par avance d'y trouver un travail consciencieux
et complet. — Veuillez être convaincu de l'intérêt
que je porte à la tâche que vous avez prise.

M. DUVERGIER. — J'ai lu votre livre. J'y ai trouvé
des doctrines excellentes et fort habilement pré-
sentées. Vous avez contribué puissamment à rendre
nettes et précises des notions qui, dans mon esprit,
étaient encore vagues et indécises. Vous m'avez
appris beaucoup de choses que j'ignorais ou savais.

mal. Et, aujourd'hui, je vous remercie du plais
et de l'utilité que vous m'avez procurés. J'ai re
marqué avec satisfaction que vons avez adopté n
doctrine sur. . . . .
Vous comprenez combien j'ai été heureux d'obt
nir une adhésion aussi éclairée que la vôtre.

———

Nous lisons dans la Revue *de* Législation et r
Jurisprudence, *cahier de mars*, 1840 :

« Dans ces derniers temps, la propriété a été l
terrain sur lequel les jurisconsultes semble
s'être donné rendez-vous.

» Nous avons rendu compte dans cette revu
des principaux travaux qui ont été faits su
cette partie du droit, sur ce grand problème c
la propriété, base fondamentale de la sociét
Naguères nous signalions à l'attention de n
lecteurs le commentaire inachevé du très regre
table M. Hennequin. Nous leur signalons aujou
d'hui celui de M. Chavot.

» M. Chavot, ainsi qu'on l'aperçoit par le tit
de son ouvrage, n'a voulu approfondir qu'u
des côtés de la matière. C'est seulement de
propriété mobilière, dans ses rapports avec l
diverses parties du Code civil, que l'auteur s'e
occupé. Un cadre semblable présente assurémc

d'intéressantes études pour le jurisconsulte. Au premier plan doit se placer la partie critique de la législation.

» La richesse mobilière non-seulement ne trouve pas dans nos lois la protection qu'elles accordent à la fortune immobilière, mais encore elle semble avoir été complètement dédaignée par elles. Un mineur peut disposer de sommes importantes ou d'effets mobiliers considérables, lorsqu'il n'est point encore le maître de la moindre propriété foncière. Le tuteur gère à son gré la fortune mobilière du mineur, et, au contraire, celui-ci possède-t-il l'immeuble même le moins considérable, le tuteur n'en peut consentir l'aliénation sans observer des formalités minutieuses et longues. La dot d'une femme est-elle immobilière, le texte de la loi en assure la perpétuelle possession en la frappant d'inaliénabilité entre les mains du mari ; est-elle mobilière, au contraire, c'est une question controversée que celle de savoir si cette dot est également protégée ; et si cette question tend, en jurisprudence, à se résoudre pour l'affirmative, ce n'est pas que les tribunaux s'inspirent de la loi qui est contraire, c'est qu'ils subissent l'influence du fait saillant de la société actuelle l'accroissement de la fortune mobilière.

» Ces exemples, que nous pourrions multiplier,

prouvent avec évidence que nos lois sur la propriété sont incomplètes aujourd'hui, qu'il y a lacune en ce qui concerne la propriété mobilière.

» Il y a nécessité de la remplir, puisque cette propriété acquiert tous les jours, par les développemens prodigieux de l'industrie et du commerce, une importance telle qu'elle ne tardera pas à excéder de beaucoup le capital foncier.

» Le livre de M. Chavot ne pouvait donc venir d'une manière plus opportune. Il trace avec beaucoup de netteté les règles sur l'interprétation des dispositions testamentaires; les caractères qui servent à distinguer les différentes espèces de meubles : matière hérissée de difficultés !

» L'auteur traite en outre de quelques modes d'acquérir, et spécialement du droit d'accession, de la chasse, de la pêche.

» Les choses mobilières, considérées soit relativement aux divers autres modes d'acquisitions, (*succession*, *donation*, *vente* ou *transport*, etc.), soit relativement aux divers autres droits auxquels elles peuvent être soumises (*usufruit*, *louage*, *prêt*, *gage*, *priviléges*, etc.), feront l'objet des volumes suivans » et *se vendront séparément*.

V. les divers comptes rendus des publications judiciaires suivantes :

1.º *Jurisprudence générale du royaume* , par Dalloz, 7.ᵉ cahier, 1859.

2.º *Bulletin bibliographique* de la *Revue britannique*, octobre 1839, page XLIX.

3.º *Recueil* de Sirey-Devilleneuve, 1859, 10.ᶜ cahier.

4.º *Journal du Palais* , 1859, tome 2., 4.ᵉ livraison.

5.º *Journal de Procédure*, de M. Bioche , 1859 ,

6.º *Revue de Législation et de Jurisprudence*, tome 11, 3.ᵉ Livraison.

TABLES COMPARÉES ᴅᴇs ANCIENNES ET NOU-VELLES MESURES , à l'usage des Institutions, Administrations, Commerçans, Notaires, Avoués, Huissiers, Employés , Propriétaires , Ouvriers , etc.; par L. Passot. 1 vol. broch. in-4.º, 3 fr. 50.

L'usage des nouvelles mesures est obligatoire pour tous les marchands en gros et en détail; sédentaires et ambulans.

Tous les poids et mesures autres que les poids et mesures établis par les lois des 18 germinal an III et 19 frimaire an VIII, constitutives du système métrique décimal, *seront interdits sous les peines portées par l'article 479 du Code pénal.*

Cet ouvrage ne présente pas simplement des tableaux de comparaison entre les anciennes et les nouvelles mesures, ils seraient insuffisans pour l'intelligence de la réforme complète et immédiate qu'exige la loi (on n'apprend pas à parler une langue avec un dictionnaire seulement); il entre dans tous les détails, et développe toute la richesse du système métrique-décimal.

TABLES D'INTÉRÊTS SIMPLES à tous les taux, pour tous les temps et toutes les sommes, par L. Passot. --- Broch., 3 fr. 50.

ESPRIT DE LA JURISPRUDENCE, suivant le Code civil. --- *Des Successions.* --- 1 fort vol. in-8.°; par M. Fouet de Conflans, avocat à la cour royale de Paris.

Cet ouvrage, justement estimé, a été recommandé par toute la Presse. --- Il se trouve chez tous les Libraires. --- Prix, 9 fr.

-

www.ingramcontent.com/pod-product-compliance
Lightning Source LLC
Chambersburg PA
CBHW070300200326
41518CB00010B/1842